Yves Desvaux Veeska

PEINDRE EN LIBERTÉ

n°2 – Le peintre en liberté

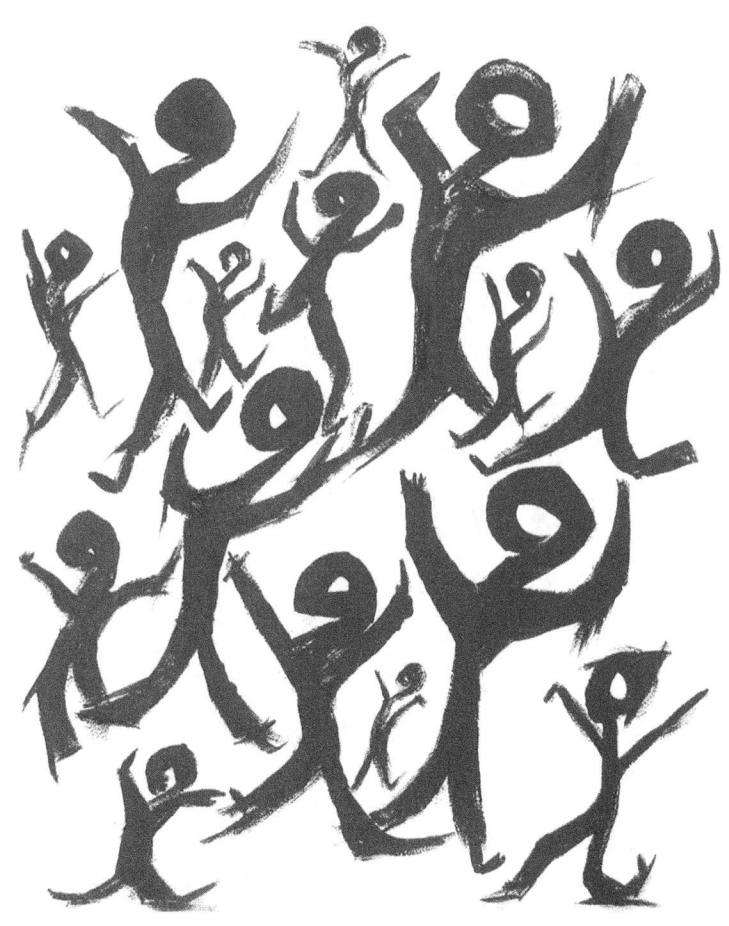

www.peindre-en-liberte.fr ✦ www.veeska.com

Yves Desvaux Veeska, 23 rue Pasteur 92250 La Garenne-Colombes (France)
Tél : +33 6 61 54 46 13 - yvesdesvauxveeska@orange.fr

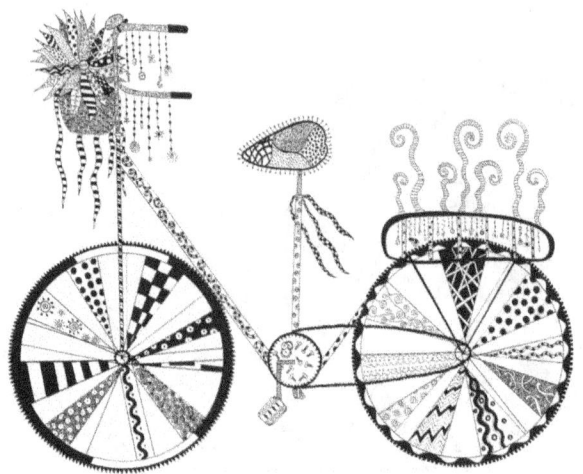

Ci-dessus : dessin de Chon Muñoz González
En couverture :
« Peinture et bout de ficelle » Yves Desvaux Veeska
P.1 : dessin de Michèle Oudiette
P.2, 32, 59 : dessins de Chon Muñoz González
P.6,18 : dessin de Michèle Sauvé (détail)
P.13 : dessin de Catherine Chanourdie
P.19 : dessin de Danielle Reissner
et dessin d'Eric Mourou
P.24 : dessin de Stéphanie R-T
P.27 : dessin de Catherine Turpin
P.36 : dessins de Michelle Brycman
P.43 : dessin de Marithé Henriot
et dessin de Mireille Vincent (détail)
P.57 : dessin de Marie Kresser-Verbois
P.60 : dessin d'Elise Desvaux Nsongo
En 4e de couverture : peinture d'Isabelle Bisson

Peindre en liberté n°2 © 2019 Yves Desvaux Veeska
Édition : BoD - Books on Demand,
12/14 rond-point des Champs-Élysées, 75008 Paris
Impression : BoD - Books on Demand, Norderstedt, Allemagne
ISBN : 9782322030682 - Dépôt légal : Mai 2019

Regardez : un peintre en liberté.

Il marche dans la rue, regardez-le bien, personne ne le tient en laisse.

D'ailleurs, vous, si vous pratiquez la peinture et que je vous demande : – Peignez-vous en liberté ? …Vous serez sûrement d'accord :

– Oui, je suis libre, je peins ce que je veux, ce que j'aime, personne ne me donne d'ordre.

Voilà, vous êtes, nous sommes, des peintres en liberté. Mais quand nous sommes devant notre toile, nous nous apercevons que nous avons plein de limites partout. Limites de notre format, limites de nos quatre murs, limites de nos vingt-quatre heures par jour, pas une de plus. Et tout ce temps passé à manger, dormir et autres besognes naturelles. Et n'oublions pas : les limites de notre savoir-faire.

Et n'oublions pas non plus : nous sommes tous nés le jour de notre naissance (quelle coïncidence !) dans un certain pays et dans un certain milieu. Et probablement que si nous étions nés ailleurs, à une autre époque, dans un autre corps, nous aurions fait d'autres peintures. Qui choisit pour nous ?

Finalement, notre liberté est mesurée. Mais disons-nous que, si limitée soit-elle, elle est toujours bonne à prendre, c'est un bon début pour en faire quelque chose, voire la muscler par quelques exercices. D'abord en peinture, et le reste suivra peut-être.

Dans ce livre, j'ai imaginé plusieurs catégories d'exercices :

I. **Le peintre, ses matériaux et ses outils :** pour chercher dans l'action purement physique de peindre ce qui se passe, et dépasse notre pensée.

II. **Le peintre, la forme et la couleur :** pour observer ce qui arrive quand on ne se fie qu'aux apparences de la peinture.

III. **Le peintre et lui-même :** pour peindre d'après des attitudes, des comportements, se jouer parfois la comédie, s'observer et peindre ce que l'on joue.

IV. **Le peintre et l'art :** pour se mesurer aux standards et clichés culturels qui structurent, déforment ou manipulent en douce notre sensibilité.

V. **Le peintre et les autres :** pour voir comment notre besoin de communiquer nous donne des idées que nous n'aurions pas eues pour nous tout seul.

VI. **Le peintre et le réel :** pour découvrir que le réel, pour un peintre, ne se voit pas qu'avec les yeux, mais sollicite tous nos sens jusqu'au 6e, plus le hasard, ce qui nous mène plus loin que nous croyions.

Tous ces exercices proposés, qui ont pour la plupart été expérimentés en cours ou en stages, vous pouvez commencer par les lire simplement, puis de temps à autre, vous attaquer à l'un, vous laisser surprendre, dériver parfois, en parler avec d'autres peintres, échanger vos expériences. Considérez-les comme des peintures faites sans pinceau mais avec des mots, je les ai écrits pour les élèves de mes ateliers comme un compositeur crée des partitions. Aussi pour proposer une suite ironique aux *Ready-made* de Duchamp, il s'agit là de *Do-it-yourself*...

Pour peindre en liberté, une seule chose compte : bien accepter nos limites, même les toucher du bout des doigts, et ainsi, petit à petit, en douceur, les repousser.

Yves Desvaux Veeska

Sur www.peindre-en-liberte.net
Retrouvez des dizaines d'illustrations et d'autres idées de peinture dans l'esprit de ce livre.

I. Le peintre, ses matériaux et ses outils

I. a - De l'esprit dans la matière 7
1. La peinture seule 7
2. Pliages, caches et pochoirs 9
3. La peinture accompagnée 9
4. Reliefs 10
5. Peinture hors-piste 11
6. Expériences en vrac 12

I. b - De l'esprit dans les outils 14
7. La fabrique d'outils 14
8. Outil inapproprié 14
9. Dessin à la gomme 14
10. Un format, un outil un geste 14
11. Pas touche 14

II. Le peintre, la forme et la couleur 15
12. Attribuer des règles au hasard 15
13. Page, timbre, affiche 15
14. Formes et format 16
15. Dix en composition 16
16. Réincarnation 16
17. Sampling pictural 16
18. Cubisme et chiffon de papier 16
19. Sus aux couleurs primaires 17
20. Plis et papillons 17
21. Très courts poèmes floraux 17
22. Oubliez la couleur 18

II. b - L'écriture comme dessin 18
23. Vous me ferez 12 signes 18
24. Signes d'urgence 19
25. Invention d'une écriture 19
12. Empilement de lettres 19

III. Le peintre et lui-même 20
27. Rituels de peinture 20
28. Inspiration artificielle 20
29. Tuez l'hésitation (en cochant des cases) 21
30. Rétroviseur 22
31. La reproduction 22
32. Autoportrait en autre 23
33. L'inconnu au bout des doigts 23
34. S'inventer une première fois 23
35. Têtes d'expression 23
36. Dix ans 24

Les 7 péchés capitaux 24
37. L'avarice 24
38. La colère 24
39. L'envie 24
40. La gourmandise 25
41. La luxure 25
42. L'orgueil 25
43. La paresse 25

44. Le mouvement primordial 25
45. Cas de force majeure 26
46. Inspiration, expiration, peinture 26
47. Holzo, la peinture navajo 27

IV. Le peintre et l'âart .... Page 28

- 48. La peinture sans problème 28
- 49. Précipité de peinture 29
- 50. Les retrouvailles forcées 29
- 51. Musée de poche 29
- 52. Changez les meubles de place 29
- 53. Mondrian trahi 8 fois 29
- 54. Gabariage 29
- 55. Jouez à l'artiste 30
- 56. Thèmes bateaux 30
- 57. Dégoût fertile 30
- 58. Télescopage 31
- 59. Beau, modeste et anonyme 32

V. Le peintre et les autres 33

- 60. Aïkido et peinture 33
- 61. Peinture par téléphone arabe 33
- 62. Peinture en tranches 34
- 63. Peinture attention silence 34
- 64. Portrait de groupe découpé en morceaux 34
- 65. Lignes de corps 34
- 66. Cohabitations 34
- 67. Portrait objet 35
- 68. Grimaces 35
- 69. Peinture commandée 35
- 70. Peinture avec générique 35
- 71. Pour peindre, s'il vous plaît 36

VI. Le peintre et le réel 37

VI. a - Façons de voir 37

- 72. L'alphabet des formes 37
- 73. Voir de haut 37
- 74. Couples 38
- 75. L'apparence de l'importance 38
- 76. Trois échelles du réel 39
- 77. Le style supermarché 39
- 78. La mine de la boîte aux lettres 39
- 79. Les premiers seront les derniers 39
- 80. Lumière rare et précieuse 39
- 81. Trou de serrure *(Ma)* 40
- 82. L'œil et l'esprit 40
- 83. Patate de méditation 40
- 84. Anatomie et botanique 40
- 85. Vie de fourmi 41
- 86. Transformation fidèle 41
- 87. Trompe-l'œil contemporain 41
- 88. Nature morte en mouvement 41
- 89. Le réel pris en faute 41
- 90. Couleur élue 42
- 91. Respect décalé 42
- 92. Chaos, réel et réalisme 42
- 93. Punir le banal 42
- 94. Faux miroir 43
- 95. Peindre par ouï-dire 43
- 96. Les Connaissances Bénévoles 43
- 97. Liste à virus poétique 43

VI. b - Façons de faire .... Page 44

Les gestes qui sauvent 44
98. Avoir l'œil sur ses gestes 44
99. Dessin dansant 44
100. Parité gauche-droite 44
101. Faces faciles 44
102. Beauté cachée 44
103. Réalité secouée 44
104. Belles erreurs 45
105. Cherchez la simplicité 45
106. Peinture de petite randonnée 45
107. Miel et peinture toutes fleurs 45
108. Les animaux au boulot 46
109. Détails 46
110. Dessin tordu 46
111. Peinture au baby-foot 46
112. Premiers soins 46
113. Meubler un musée d'art moderne 47
114. Brimborions 47
115. Tous sens dehors 47
116. Empreintes du réel 48
117. Déménager en peinture 48
118. Bâtir une peinture 48
119. Le peintre jardinier 49
120. L'abandon 49
121. ...Genèse 49
122. Robinson 49
123. Robinson avec des concessions 49
124. Quand l'image *colle* au réel 50

Le dessin nu de nu 50
125. Modèle rapproché 50
126. Modèle distancié 50
127. Modèle dominant 51
128. Modèle fragmenté 51
129. Modèle mesuré 51
130. Modèle formalisé 52

VI. C - Le temps 52
131. Le temps de peindre 52
132. Le mouvement du temps 53
133. Douze heures de peinture 53
134. Germination des idées 53
135. Plant de peinture 54
136. La patience 54
137. Peinture en cave 54
138. Peinture infinie 54
139. Sauvons la poussière 55
140. Composer avec le temps 56
141. Neuf mois 56

Conclusion 60

I. Le peintre, ses matériaux et ses outils

De l'esprit dans la matière

L'art doit naître du matériau et de l'outil,
et doit garder la trace de la lutte de l'outil avec le matériau. L'homme doit parler, mais l'outil et le matériau aussi.
Dubuffet.

En peinture, la matière a de l'esprit. Il ne faut pas hésiter à se lancer dans des expérimentations hasardeuses à condition d'en observer avec attention le résultat. Alors vos idées pures s'incarnent en formes et en couleurs, et elles se découvrent allègrement des évolutions imprévisibles : la matière leur fait faire des petits.

Voici une liste d'effets de matière pour vous mettre à l'œuvre. Ces effets, qui se rajoutent aux propositions déjà recensées dans *Peindre en liberté* n°1, sont pour certains simples et de bon ton. D'autres, non réalisables sur-le-champ, comportent des risques et nécessitent de prévoir quelques fournitures de fantaisie (cf. paragraphe *peinture hors piste*). Cette liste n'est pas limitative et ne peut déboucher que sur des résultats créatifs, voire dangereux.

Pour commencer, voici quelques procédés tout simples pour renouveler la façon qu'a votre peinture de se poser sur votre support.

1. La peinture seule

POSER AUTREMENT LA PEINTURE
(Suite de *PEINDRE EN LIBERTE* n°1, exercices pour acrylique et pigments exclusivement)

Fibrage. Brosser longuement une surface pendant tout le temps de séchage de la peinture pour que s'impriment fortement les traces de brosse.

Patine. Idem que ci-dessus, en réhumidifiant la brosse, ce qui produit un effet de patine.

Vibration de surface / 1 : mini touches au pinceau fin. (petit-gris ; martre ; synthétique type Kaerell ou Code noir) monochromes, bichromes ou polychromes avec un mélange pigment / liant / eau.

Vibration de surface / 2 : multiples couleurs superposées à petits coups de couteau (coups fins et réguliers pour ne pas donner dans l'expressionnisme Place du tertre), sans jamais revenir deux fois sur la même touche pour éviter de l'alourdir.

Dripping
Action de peindre en laissant couler un filet de peinture directement d'un pot, ou d'un bâton trempé dans un pot, de façon à produire des lignes élancées, fluides, ellipsoïdales, noueuses et hasardeuses ; procédé utilisé pour la première fois par Max Ernst, et généralisé par Pollock. Utiliser pour cela une peinture en pot ni pâteuse, ni liquide, mais entre les deux. La *Swip* de *Peintures Gauthier* fait très bien l'affaire. Quelques variantes autour du principe de base :

- Dripping sur une surface mouillée, ou partiellement mouillée.
- Sur une feuille à part pour ensuite l'imprimer en monotype.
- Mouiller ou délaver un dripping.
- Presser un dripping frais puis le réimprimer sur la même feuille.
- Dripping invisible de liant acrylique sur lequel, une fois sec, on réalise un lavis.
- Dripping invisible de liant acrylique, puis souffler des pigments, ou du sable fin dessus.
- Dripping au moyen d'une seringue compte-gouttes.
- Dripping avec de la peinture fluide dans une bouteille en plastique percée. Etc....

Craquelures. On peut obtenir un effet de craquelure en faisant sécher trop vite, au grand soleil par exemple, une surface épaisse d'acrylique. Ou, si la surface est peu épaisse, en rajoutant de l'eau sur la surface qui a commencé à sécher avant de l'exposer à la chaleur. Ou en recouvrant d'une couche épaisse d'acrylique une autre couche épaisse imparfaitement sèche.

Moyens du bord. Surface texturée régulièrement au moyen d'un outil de fortune. C'est-à-dire peindre en cherchant quelque chose qui ne soit ni un pinceau, ni une brosse, ni un couteau, ni un rouleau.

EMPREINTES

Empreintes mises en forme. Effet d'empreinte (sur du lavis, ou par monotype), en utilisant des formes préparées : papier plié, découpé ; ou des formes existantes : papier gaufré, tissu ; métal martelé, cuir repoussé, caoutchouc ; empreintes corporelles (cf. les Anthropométries de Klein).

AUTOUR DU LAVIS

> *(Quand Michaux peint) ...*
> *Une sorte de pacte minuscule avec chaque grain de pigment,*
> *chaque molécule d'eau, invités à la fête au titre de coauteur...*
> DIDIER SEMIN, dans *Beaux-Arts* oct.93.

Lavis étoilé. Coup de pulvérisateur sur un lavis à demi sec pour un mouchetis étoilé.

Lavis à l'eau pétillante. En éclatant, les bulles dispersent les pigments.

Lavis sucé. Plastique étirable déposé sur un lavis.

Lavis sur pâte. Préparer la surface à peindre par une alternance de bandes de papier laissé vierge, de papier peint en blanc, de papier recouvert de liant acrylique. Une fois les dessous secs, recouvrir d'un lavis égal (voir aussi « papier travaillé », *Peindre en liberté* p.26).

Lavis sur pâte texturée. La même chose en texturant les dessous de peinture et de liant.

Lavis avec îles et canaux. Préparer un réseau d'obstacles provisoires pour canaliser et donner forme aux mouvements aléatoires du lavis. Les objets posés sur le support peuvent être organisés pour rythmer la composition : labyrinthe, méandres, parcours de flipper...

Lavis froissé plié. Chiffonner, ou plier votre Canson. Réaliser un lavis dessus, qui va sécher en faisant ressortir les traces de pliages et de chiffonnages. Puis retendre le papier dans les règles de l'art. Redevenu lisse, celui-ci donnera l'illusion d'être toujours marqué de plis ou chiffonné.

Lavis dans la fente. Fendre un papier au cutter, en produisant un dessin. Puis poser ce papier fendu sur une autre feuille blanche et le napper de couleur liquide. La couleur en s'écoulant dans les fentes produira sur le papier du dessous un effet graphique et mouillé en même temps.

Lavis symétrique. Réaliser un lavis sur une feuille non tendue ; lavis pas trop mouillé et avec un peu de gel ; puis plier la feuille en deux pour des empreintes symétriques. Retendre le papier après coup.

Lavis redessiné. Repasser de multiples traits fins au pinceau chaque volute de la diffusion turbulente du lavis.

DÉLAVAGES

Délavage : action de passer sous l'eau, ou de passer de l'eau sur une surface de peinture partiellement sèche. Le délavage peut se faire à grande eau, directement sous un robinet ou une douche, ou délicatement avec une brosse mouillée. Il peut utiliser seulement la force de l'eau, être appuyé d'un frottis de brosse, ou encouragé par un petit passage de brumisateur avant l'action. L'intérêt est d'obtenir de nombreuses subtilités graphiques dans la surface picturale qui se défait inégalement en laissant apparaître les mouvements qui l'ont formée.

Délavage de lavis. Sur l'ensemble de la feuille, réaliser un lavis avec juste un peu de pâte. Le marquer d'empreintes diverses, coups de couteau, touches de brosses. Quand il est à moitié sec, le délaver à grande eau.

Délavage marbré. Un délavage à partir de deux couleurs côte à côte mais à peine mêlées produit des sortes de marbrures.

Délavage minutieux. Peindre des petits motifs, empreintes, taches, au format écriture et serrés les uns contre les autres. Puis les tamponner et les délaver au fur et à mesure.

Délavage drippé. Sur une surface fraîchement peinte en aplat, encore humide, laisser couler un fin filet d'eau au moyen d'une bouteille en plastique percée. Puis, quand les aplats sont secs, délaver pour retrouver en réserve la trace du filet d'eau.

Délavage acrylique en remouillant avec un peu de liant.

Délavage machine. Passer une peinture sur toile à la machine à laver. Ne pas oublier de démonter le châssis.

RACLAGES

Superposition de raclages épais, noir – blanc, noir – blanc, etc, jusqu'à obtenir le plus grand nombre de nuances de gris.

2. Pliages, caches et pochoirs (1992-2001)

PLIAGES

Lavis et pliage. Commencer par plier le papier, selon une figure plus ou moins complexe (cf. origami). Puis l'immerger dans un jus coloré. Laisser sécher, puis déplier.

Pâte et pliage. Plier comme ci-dessus, mais peindre à la brosse toutes les surfaces apparentes avant de déplier.

Le pliage ne procédait de rien. Il fallait simplement se mettre dans l'état de ceux qui n'ont encore rien vu ; se mettre dans la toile. On pouvait remplir la toile pliée sans savoir où était le bord. On ne sait plus alors ou cela s'arrête. On pouvait même aller plus loin et peindre les yeux fermés.
SIMON HANTAÏ.

Écriture et pliage. Écrire sur du papier plié, puis ouvrir pour morceler, disperser les écritures, et recomposer ensuite. Idem avec toute autre forme dessinée.

CACHES ET POCHOIRS

Dessins adhésifs. Façonner par pliage, découpage, poinçonnage, les lignes obtenues au moyen de rubans adhésifs (pour ne pas les laisser raides et de largeur constante).

Bavures sous contrôle /1. Les bavures de lavis sous les caches adhésifs présentent un aspect graphique particulier, à bien observer pour les utiliser à propos.

Bavures sous contrôle / 2. Caches de papier mal collés associés à des passages de lavis pour associer la rectitude des formes au flou des bavures.

Pochoirs ready-made. Découpage de formes ou de silhouettes dans les magazines.

Pochoirs symétriques. En découpant du papier plié (comme à l'école maternelle).

Frisquette. Feuilles repositionnables pour confectionner des caches.

Générations de caches : soit une composition précise, avec des formes réservée au moyen de caches pour permettre la création d'un fond expressif et matiériste. Quand vous retirez les caches tachés, pensez à les recycler comme éléments colorés à coller sur une feuille blanche pour servir de base à une autre composition. Si cette nouvelle composition utilise également des caches, vous pouvez répéter la même opération, chaque peinture contribuant à engendrer la suivante.

3. La peinture accompagnée (de colles, médiums, vernis…)

COLLE À PAPIER-PEINT

En plus des utilisations connues de la colle (papier mâché, grattage, etc : voir *Peindre en liberté* p. 13, 22, 23, 24), quelques variations :

Long raclage ondulé. Raclage d'une couleur sur une autre par l'intermédiaire de la colle, au moyen d'une longue règle souple que l'on fait onduler.

Raclage au motif. La colle qui permet le raclage n'est pas posée sur l'ensemble de la feuille mais disposée selon un motif défini au cache. Le raclage réagira différemment selon les parties encollées ou non, révélant ainsi le dessin préparé à la colle.

Dégrumelage. Préparer une colle grumeleuse, épaisse. Recouvrir de couleur. Quand c'est sec, racler pour enlever ce qui ne tient pas.

Colle, pigments, terres. La colle utilisée en remplacement d'un liant acrylique peut conférer d'autres aspects (teinte, etc) aux matériaux employés.

JEUX DE VERNIS

Moirage. Monochrome foncé avec alternance de bandes mates et brillantes. Les jeux d'opposition mat / brillant rendent mieux sur les surfaces sombres.

Effet d'éclipse. Motif géométrique brillant sur fond mat (ou l'inverse), constituant un élément de composition apparaissant ou disparaissant selon l'éclairage.

GRAS ET MAIGRE

Répulsion. Provoquer des formes en jouant de la répulsion de l'acrylique pour les produits gras (picturaux ou non : huile, savon, lait…)

Démulsion. Produire des traces au moyen d'une émulsion d'acrylique diluée, de médium à l'huile (voire d'huile de ménage), puis verser du liquide vaisselle, rincer… et constater le résultat.

4. Reliefs

RELIEF / EMPREINTES

Gaufrage tendu. Tendre sa feuille sur un carton ondulé, ou sur des objets peu épais, qui marqueront de leur présence le papier quand la brosse passera, ou quand un lavis séchera dessus.

Gaufrage libre. Peindre sur la feuille libre, en la pressant quand la peinture est encore fraîche sur des reliefs qui la gaufreront ou lui donneront un aspect martelé.

Gaufrage tendu ou libre, dans les deux cas tendre à nouveau la feuille après l'opération.

RELIEFS / COLLAGES

Récupération de papier. Les matières premières collables sont infinies : tout métier, toute activité, génère des produits réutilisables : papiers de toute nature, tissus, gazes… Voir : papeteries, charcuteries, pharmacies, drogueries, quincailleries, administrations…

Gaze et papier fin. Coller de la gaze sur du papier, puis sur la gaze coller du papier fin (papier de soie, mouchoir en papier…) Après séchage, effets de lavis et de frottages. La texture de la gaze réapparaît.

Collage / arrachage. Arracher le papier à mi-séchage pour un effet déchiré peluché.

Collage et délavage. Découper des formes précises dans un papier assez épais. Les coller sur un autre papier. Recouvrir le tout d'une couche uniforme de noir. Laisser sécher le noir. Recouvrir de blanc, projeter quelques gouttes d'eau, laisser sécher partiellement puis délaver sous le robinet. Le blanc s'enlève partiellement, ruisselle et contournant les reliefs des formes collées, associant l'effet expressif du délavage et l'effet construit de ces formes collées.

Collage, mortier, patine. Variante de l'effet précédent : recouvrir les formes collées de mortier pour adoucir la sécheresse des découpages. Après séchage du mortier, le travailler avec des couches successives d'ocres brossés et frottés pour obtenir un effet de patine.

Collage et dessin. Réaliser un collage assez haut en relief : feuilles, ficelles, papiers pliés ou froissés… Tout napper de blanc. Puis sur le blanc sec, reprendre en noir le haut des reliefs. Pour jouer de l'accord entre graphisme et matiérisme.

Collage-transfert précis. La technique du collage transfert est connue : enduire de gesso, ou d'une acrylique de teinte claire, une image imprimée sur du papier journal ou une photocopie, et la coller face contre le support. Quand le collage a pris, on fait pelucher le papier pour révéler le document à travers la fine pellicule restante. Pour donner plus de précision à cette technique, on peut pratiquer l'enduction au moyen d'un pochoir.

Collage-transfert au liant acrylique. Permet de ne pas masquer le fond éventuellement peint sous l'image que l'on transfère. À ne pas décoller trop tard, sinon le papier solidifié par le liant sera indécollable, et ne révélera que son autre face, comme un collage normal.

Collage-transfert sur mortier granulé. Permet d'ajouter un effet de texture à une image. Cependant, plus le grain est gros, moins l'image adhère.

Collage-transfert avec effets d'outils. La trace de l'enduction de gesso, selon qu'elle est pratiquée à la brosse, au couteau, au rouleau, produit autant de variantes dans les résultats.

Collage-transfert sur papier plié. Pour déstructurer une image de façon aléatoire.

Mille-feuilles. Superposer de vieilles peintures pour confectionner un mille-feuilles dans lequel on creuse à la recherche de fragments à combiner.

Mille-feuilles archéologique. Prolongation de l'effet précédent. Après avoir collé suffisamment de couches de papier pour atteindre un bon centimètre d'épaisseur, découper des tranches fines de ce collage (scie circulaire ou massicot) pour les réutiliser à plat, avec toutes les stries fines obtenues.

Collage géologique. Réaliser, semaine après semaine, une superposition de couches picturales. Puis les attaquer à la ponceuse électrique, ou les taillader au cutter, pour faire surgir un effet de courbes de niveau.

RELIEFS / SAUPOUDRAGES

Saupoudrage dégradé. Enduire une surface de liant acrylique. Disposer des pigments ou du sable sur un bord. Puis souffler dessus, ou redresser verticalement le support pour répandre pigments ou sable qui vont adhérer au liant avec un effet de dégradé.

Saupoudrage en forme. Liant posé au pochoir avant le saupoudrage.

Saupoudrage structuré. Liant structuré par pression, grattage, dripping, etc. Pigments ou sable, en butant sur les reliefs, les souligneront.

Saupoudrage en ligne. Pour un effet de saupoudrage gestuel et linéaire (et non en surfaces), confectionner un cornet de papier laissant passer un fin filet de sable ou de pigment.

RELIEFS / MORTIERS

Combinaison d'effets de mortier : lisse, pressé, gaufré. Pigmenté ou sablé, dans la pâte ou par saupoudrage. Strié ou griffé, dans le frais ou à sec.

RELIEF / RÉCUPÉRATION

Peinture sur papiers peints texturés.

Récupération des peluches de papier obtenues quand on fait des transferts, et des lambeaux de papier provenant de collages / arrachages, pour nourrir une deuxième peinture des déchets de la première.

5. Peinture hors-piste

ADHÉRENCE

Agrippant. Pour faire tenir de l'acrylique sur des matériaux inappropriés (verre, métal, plastique…), préparer le support avec un agrippant, type *Rustol EB*.

Marouflage. Pour transporter sur toile ou sur bois une peinture faire sur papier, avec une colle neutre vinylique.

OUTILS HORS COMMERCE

Brosser, balayer, fouetter la toile avec des végétaux épineux enduits de peinture. Autres outils, sans limitation de suggestions : queue d'âne (cf. Boronali), pneu…

Tremper du fil dans la peinture, puis le poser et le re-poser sur la toile.

Utiliser sa voiture pour rouler sur sa toile ou son papier, y inscrire des traces fortement imprimées, le gaufrage du relief du sol, y écraser des matériaux.

PIGMENTS HORS COMMERCE

Récupération de pâtes. Récupérer tous ses fonds de palette dans un pot fermé. S'en servir pour des empâtements où la couleur est indifférente. Ne pas abandonner trop longtemps votre pot de récupération : odeurs redoutables à craindre.

Récupération : épices périmés ; fonds de cartouches d'encre de photocopieur ou d'imprimante.

Curry de peintre

J'ai accroché dans ma cuisine un tableau odoriférant, qui donne toujours l'impression qu'un savoureux petit plat vient d'être mijoté là. C'est qu'un jour, en faisant le tri dans des épices peu utilisées, j'en ai trouvé beaucoup de périmées. Pourtant leur arôme bien vivace contredisait leur date de péremption, et leur couleurs se montraient fort appétissantes, qu'il s'agisse de curry, de poivre blanc, gris ou noir, de piment de Cayenne... Alors je les ai emportées à mon atelier et, là où j'utilisais des pigments beaux-arts associés à un liant acrylique, j'ai introduit des pigments épicerie, ce qui m'a posé des problèmes nouveaux de composition : car il fallait non seulement accorder les couleurs, mais aussi les senteurs. En fin de compte, savoir qu'une couleur est placée là et pas ailleurs, dans un tableau cuisiné ainsi, pour une raison autant aromatique qu'esthétique, apporte une petite touche bien goûteuse, et de telles compositions ne rougissent pas d'être accrochées dans la cuisine !

Exploitation : recueillir, laver, brûler, infuser, décocter, tamiser... les produits de la nature dans les différents endroits où l'on passe :

- terres ferrugineuses → ocres
- sarments de vigne, noyaux de pêches brûlés → noirs
- coquilles d'huîtres ou de palourdes brûlées → blanc.

6. Expériences en vrac

Liants à essayer :
- Miel.
- Gomme fondue. Faire fondre une gomme dans l'eau chaude.

Javel : pour nettoyer les brosses en décolorant les poils.

Matériaux de récupération : marbre en poudre chez le marbrier funéraire, le fabricant de cheminée, ou dans l'atelier de sculpture ; enduits divers pour travaux d'intérieur. Associés à un liant acrylique, ces matériaux forment une pâte à modeler (modeling paste) acrylique pour tout effet de relief, économisant ainsi vos tubes de couleurs dispendieux pour faire des empâtements.

Récupération à risque. Peindre avec des produits d'entretien, produits toxiques... (l'artiste allemand Sigmar Polke s'est fait une spécialité de peindre avec des poisons.)

Humeurs mauvaises. Vive la nature, les produits naturels. Peindre par exemple avec tout ce que produit notre corps par ses différents organes. Je vous épargne l'énumération.

Rouille. Coller des petits objets métalliques (agrafes, trombones...) sur sa feuille pour composer une texture délicate avec les auréoles de rouille. D'une manière plus générale, mettre à rouiller différentes variétés de métal pour tester les nuances de la couleur rouille.

Hacher menu. Avec un mixer ou un moulin à café, réduire en poudre des matières diverses (papiers, pépins, noyaux...) et les conditionner dans des petits pots étiquetés pour nourrir de prochaines pâtes picturales.

Brûler / sécher. Calciner, réduire en cendres, ou sécher au soleil, quelques unes des matières ci-dessus pour en explorer les couleurs.

Fumer.
- Utilisation de l'aspect graphique et coloré des bords calcinés d'une surface.
- Effets de fumée et de roussi sur une surface, libres ou associés à des caches.
- Passage au four d'un papier comportant des traces (doigts, citron...) que la chaleur révélera.

Collage au quotidien. Agenda, notes, listes de course, tickets, publicité : tout recycler dans sa peinture (cf. Schwitters). En allant plus loin, champignons, lichens, asticots peuvent êtres mis à contribution. Acariens, ce n'est pas la peine, on les discerne mal.

Peinture sans abri. Peindre en ne faisant appel qu'à l'action du soleil et de la pluie sur les surfaces et les matières : jaunissement, rouille, moisissures… En déplaçant éventuellement les matières destinées à laisser des traces, ou des caches, pour composer ainsi patiemment, avec le temps.

Peinture indécrochable. Dans une maison en rénovation, conserver une partie de mur dégradée (fissures, lambeaux de papiers peints, peintures écaillées…) et l'encadrer sur place.

Peinture à la mouche. Enduire de miel tue-mouches une forme dessinée. Puis attendre que les mouches en se collant viennent produire les noirs prévus dans la composition. Très bel effet pour un portrait en noir et blanc.

Vernis au caramel. Faire chauffer un peu d'eau et de sucre, et vernir avec le caramel liquide.

Peinture à évolution. Ne peindre qu'avec des matériaux organiques instables pour laisser s'opérer des évolutions imprévisibles, à modeler de temps à autre au gré des événements. Pour vivre avec son temps, le temps qui passe, qui dégrade et fait renaître toute chose.

Il y a de l'apprenti sorcier en tout créateur papou : sa marmite recèle une gamme d'ingrédients et de recettes propre à décourager tous les plasticiens de la terre. De simples feuilles de palmier aux cheveux humains en passant par toutes sortes de graines, de fruits et de terres colorées, sans oublier les peaux de certains mammifères, les plumes chatoyantes de nombreux oiseaux, les coquillages, défenses, crânes et autres quenottes, jusqu'à l'immatérielle et diaphane toile d'araignée, aucun matériau, qu'il soit durable ou éphémère, organique, végétal ou même humain ne semble lui échapper.

Bérénice Geoffroy-Schneiter, *Le génie Papou* Beaux-Arts 07/2000.

À suivre…

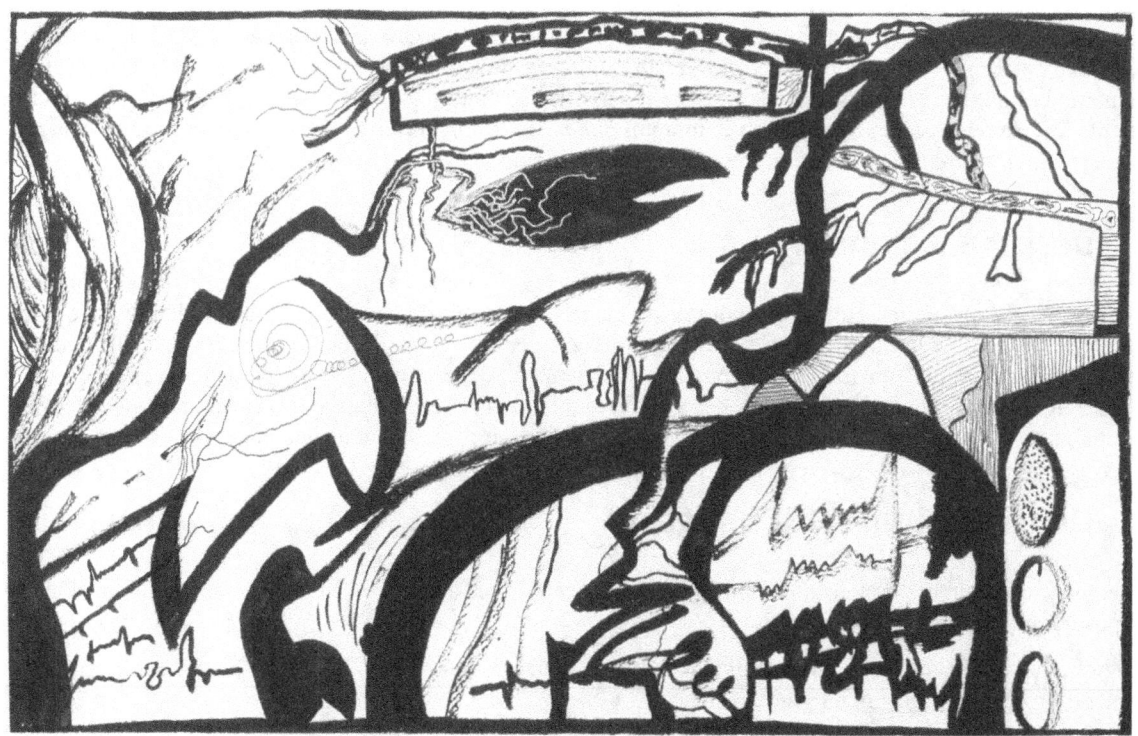

De l'esprit dans les outils

Quand on veut faire preuve d'imagination en peinture, on se préoccupe souvent de l'invention du sujet, voire de l'originalité dans le choix des matériaux. Mais il ne faut pas oublier de mettre un peu de soi, et même beaucoup, dans le choix des outils : création d'outils, ou détournement de leur usage. Voici quelques propositions dans ce sens :

7. La fabrique d'outils (stage 03/04/00)

Commencez par vous fabriquer 3 outils de genre différents :

- Un outil à poils, fils ou fibres (ex : poils de balai, brindilles…)
- Un outil pour racler, griffer ou gratter (ex : bois, carton ou plastique, découpé avec une denteluire irrégulière)
- Un outil pour imprimer (ex : collage en relief sur un papier qui sert de matrice, enduire de peinture, imprimer)

Puis vous allez entreprendre une composition dont le sujet sera inspiré de la forme, de l'aspect de ces outils, que vous peindrez ensuite au moyen des outils en question.

8. Outil inapproprié (n°3-59, 1995)

Choisissez une image quelconque, mais assez chargée. Donnez vous pour but de la reproduire en utilisant un outil inapproprié, et rien d'autre que cet outil : par exemple le spalter (brosse plate et large, 50 mm minimum).

Cette contrainte purement matérielle – que vous pouvez varier en adoptant un autre outil – stimule le registre purement pictural de votre imagination. Vous êtes *obligé de prendre des libertés* avec la représentation, dédouané des lacunes éventuelles de votre dessin puisque soumis à une contrainte qui déplace le problème. Et l'unicité de l'outil, le décalage dans son usage, vous offre sur un plateau un effet de style tout prêt. Pour être valable, cet exercice doit être exécuté avec un outil *inapproprié*. Inapproprié pour une approche rationnelle de la représentation, *approprié* pour une approche plastique et créative.

9. Dessin à la gomme (2001)

Le crayon est du genre masculin, et *la* gomme du genre féminin. Et du coup, c'est toujours le crayon qui passe devant, et la gomme qui suit, et qui se contente de corriger les fautes du crayon sans prendre l'initiative de changer les choses plus au fond. Il est possible de changer ça : le crayon va simplement accepter de ne rien décider du tout et se contenter de gribouiller toute la feuille sans réfléchir mais avec beaucoup de densité. Puis la gomme, dans ce maquis de traits, va tracer son chemin et produire son dessin à elle, un dessin à la gomme.

10. Un format, un outil, un geste (n°3-141, 2000)

Composez une peinture en tenant compte des contraintes propres au lieu, aux matériaux et au temps dont vous disposez, en respectant l'impératif suivant :

Fabriquez un outil et préparez une quantité de matériau pour pouvoir remplir la surface de votre toile ou de votre papier <u>d'un seul mouvement, un seul.</u>

Cf. Jason Martin (Beaux-Arts spécial FIAC, octobre 2000).

11. Pas touche (1992)

Réalisez une peinture sans utiliser d'outil ni toucher le papier, en ne recourant qu'au souffle et à la pesanteur pour poser la couleur.

II. Le peintre, la forme et la couleur

Se rappeler qu'un tableau, avant d'être un cheval de bataille, une femme nue ou une quelconque anecdote est essentiellement une surface plane recouverte de couleurs en un certain ordre assemblées.
MAURICE DENIS (1870-1943)

La forme est l'expression extérieure du contenu intérieur.
KANDINSKY (1866-1944).

Vous n'êtes pas obligé de convoquer votre imagination chaque fois que vous entreprenez un tableau. Elle peut très bien venir de son plein gré, sans vous demander votre avis parce qu'elle est susceptible, savez-vous. Et c'est alors qu'elle vous emmènera bien plus loin.

Parce que vous devez prendre garde à deux dangers, avec cette fichue imagination : soit vous pensez que vous n'en avez pas. Mais vous ne la cherchez pas au bon endroit. Soit vous en avez beaucoup, mais diluée dans l'imaginaire diffus, et banal il faut bien le dire, qui traîne dans tous les médias que vous recevez activement ou passivement. Et là, vous devez faire preuve de sens tactique pour faire le tri entre votre imaginaire, le vôtre, et celui qui traîne partout.

Pas d'imagination ou trop d'imagination ? Les exercices proposés ici sont des réponses. En vous faisant manipuler le côté purement « formel » de la peinture, c'est-à-dire sa seule *apparence* (forme, couleur, ligne…) en-dehors de tout contenu conscient, vous découvrirez que vos sensations s'expriment bien mieux quand vous ne tentez pas de les illustrer de façon arrêtée. Quand vous vous permettez simplement de jouer avec l'impact naturel des formes et des couleurs pour accueillir puis organiser les émotions qu'elles vous procurent.

En dehors même du sujet visible, une œuvre produit son effet par l'expression des lignes et des taches.
EDOUARD VUILLARD. (1868-1940)

12. **Attribuer des règles au hasard** (1991)

- Faites un gribouillis au crayon sans regarder.
- Repassez d'un trait ocre rouge des lignes au hasard dans ce gribouillis.
- Effacez les lignes restantes.
- Par-dessus cette première étape, répétez 2 fois ces 3 premières opérations, en changeant de couleur à chaque fois : d'abord ocre jaune, puis bleu charron.

Vous obtenez ainsi une composition abstraite avec des intervalles petits ou grands, fermés ou ouverts entre les lignes. Distribuez maintenant les couleurs en attribuant des règles au hasard :

- les petites surfaces fermées sont colorées avec un mélange proportionnel des couleurs qui les bordent, en laissant un filet de blanc près des contours.
- Les petites et grandes surfaces ouvertes connaissent une dégradation jusqu'au blanc de la ligne de couleur qui les longe, mais seulement vers l'extérieur de la composition.
- Les grandes surfaces fermées : on n'y touche pas.

Libre à vous de choisir d'autres couleurs, d'autres règles. L'important est d'utiliser la notion de *règle* comme un pur outil plastique.

13. **Page, timbre, affiche** (n° 3-41, 1994)

Choisissez une page quelconque dans un magazine. Image seule, ou accompagnée de texte. Cette page, reproduisez-la en minuscule, à la dimension d'un timbre-poste : d'une page de 20 X 30 cm, arrivez à un timbre de 2 X 3 cm. Vous êtes conduit à une extrême simplification du sujet choisi. Selon votre tempérament, adoptez la précision miniaturiste ou préférez la suggestion par quelques taches et lignes colorées. Mais la relation avec le modèle doit être respectée.

Puis, sans plus regarder ce modèle mais seulement votre miniaturisation, réalisez une composition cette fois agrandie en 40 X 60 cm.

Variantes :
- Travaillez en collaboration avec une autre personne pour échanger vos miniatures, et les agrandir alors sans connaître l'image source.
- À partir de la miniature obtenue, prolongez-en les lignes vers l'extérieur jusqu'à occuper un format 40 X 60 cm.
- Prélevez dans l'image de base de quoi confectionner un mini collage abstrait de 4 X 6 cm. Puis prenez-le comme modèle d'une composition peinte de 40 X 60 cm.

14. Formes et formats (2001)

Reproduisez une image à main levée en transformant radicalement son format. Une image rectangulaire de proportion standard (1 X 1,5), interprétez-la sur un format circulaire, ou losange, ou étroit vertical, étroit horizontal. Avec ou sans mise au carreau, faites en sorte que rentrent tous les éléments de l'image choisie (abstraite ou figurative) dans une surface de forme différente.

15. Dix en composition (n°3-87, 1996)

Créez 10 formes géométriques découpées. Puis, en les utilisant comme gabarits, organisez dix compositions en relevant simplement leur contour, correspondant à chacun des 10 termes suivants :

Dualité	Disjonction
Complémentarité	Conjugaison
Opposition	Fusion
Symétrie	Agression
Réversibilité	Monter/descendre

N.B. à propos de *monter/descendre* : soit une ligne en escalier. Comment sait-on si elle monte ou si elle descend ? Nos habitudes de lecture, de gauche à droite, impliquent qu'un escalier se déroulant de gauche à droite exprimera la montée ; et se déroulant de droite à gauche exprimera la descente. De même le profil d'une montagne sera ascendant de gauche à droite et descendant de droite à gauche.

16. Réincarnation (2001)

Découpez une image en bandes (ou en carreaux). Puis collez avec un adhésif repositionnable ces morceaux dans le même ordre sur une feuille blanche, en laissant chacun fois un intervalle de dimension égale. Peignez ensuite ces intervalles de façon à relier de manière homogène les fragments collés. Enfin, enlevez les papiers collés et remplacez-les par leur équivalent en peinture. D'une image découpée, collée, utilisée puis disparue, vous aurez fait naître une peinture. Quasiment une réincarnation.

17. Sampling pictural (2001)

Cet exercice de manipulation d'une œuvre (de préférence géométrique) peut faire l'objet de nombreuses variantes : divisez deux images de format égal au moyen d'une même quadrillage. Reportez un quadrillage proportionnel sur votre feuille blanche. Puis remplissez ce quadrillage vierge en reproduisant carreau par carreau les images découpées, en les combinant comme la chaîne et la trame d'un tissu. Ou selon une autre systématique. Ou de manière aléatoire. Le rythme des carreaux, la combinaison systématique de deux gammes de couleurs et de formes, produit un sampling pictural.

18. Cubisme et chiffon de papier (2001)

Autre manière de détourner une image : Chiffonnez-la en boule, puis mettez ce chiffonnage sous presse pour l'aplatir parfaitement. Le format de l'image, ses contours rectangulaires, seront devenus des lignes brisées. Dans les plis, des fragments du sujet seront cachés. Photocopiez ce document dans cet état, et utilisez-le comme base pour une composition. Histoire de revisiter le cubisme synthétique en passant par le fond de la corbeille à papier.

19. Sus aux couleurs primaires (n°3-25, 1993)

En 1636, apparaît un fol engouement dans la couture et dans la mode pour des matières et des couleurs toutes plus uniques les unes que les autres., avec des noms ébouriffants. À partir de ces noms, recréez des échantillons en utilisant les techniques proposées dans les pages *« Le peintre, les matériaux et ses outils »*. Bleu cyan, jaune primaire et rouge magenta sont bien loin…

Ventre de biche
Ventre de nonnain
Mimine
Triste amie
Gris d'été
Céladon
Astrée
Face grattée
Couleur de rat
Fleur mourante

Vert naissant
Merde d'oie
Sel à dos
Veuve réjouie
Temps perdu
Flammette de soufre
Singe envenimé
Ris de guenon
Trépassé revenu
Espagnol malade

Espagnol mourant
Baise-moi ma mignonne
Péché mortel
Désir amoureux
Racleur de cheminée.

Les couleurs préférées de la Reine : *constipée ; singe mourant.*

20. Plis et papillons (n°3-86, 1996)

« Le mot pli se trouve contenu dans simplification et complication. Le pli naît du renversement d'une surface de papier, d'étoffe, etc, de telle sorte qu'il en résulte une intériorisation d'une surface externe, laquelle devient surface interne. On remarquera que cette notion de « surface interne » est paradoxale, voire contradictoire, puisque « surface » veut dire face-de-dessus, donc extérieure. L'homme est un faiseur de plis, fabriquant les objets les plus humains, dont éventails, tentes, parapluies, parachutes, et surtout des livres qui ne sont que des feuilles pliées. Ces feuilles pliées prolongent d'ailleurs les circonvolutions du cerveau qui distinguent ce dernier du cerveau sans pli des animaux. »

Michel Tournier, Nouvel Observateur 04/10/95,
Dans un article à propos du Baroque.

Après avoir lu et apprécié cette longue citation de Michel Tournier, prenez une feuille de Canson et enduisez-la de traces colorées plus ou moins symétriques, en utilisant une acrylique humide et de bonne viscosité. Puis pliez cette feuille pour obtenir des effets parfaitement symétriques. Après une première expérience, vous pourrez varier avec d'autres feuilles les façons de les plier ou de les chiffonner, de poser la couleur, etc.

Quand vous aurez réalisé ainsi plusieurs fonds déjà riches en formes, et après les avoir laissés sécher, remouillez-les fortement pour les tendre avec du kraft gommé. Votre Canson redevenu plat gardera, visuellement, les effets de plis ou de chiffonnages. Reprenez alors la citation de Tournier, ajoutez-y une pincée de poésie phonétique en parcourant la liste ci-dessous de noms de papillons. Il ne vous reste plus, en dosant hasard et sens du matériau, qu'à donner naissance à quelques espèces nouvelles de lépidoptères.

Adèle de la scabieuse
Cul-Brun
Argus de la Sanguinaire
Écaille-martre
Grand Nègre des bois
Hibernie défeuillante
Moiré frange-pie
Petite Épine
Psyché de la Callure

Zygène de la Filipendule
Grand Mars
Grand Porte-queue
Robert le Diable
Cuivré de la Verge d'Or
Demi-lune grise
Dragon
Fidonie tigrée
Goutte-de-Sang

Hydrocampe neigeuse
Noctuelle amandine
Plusie de l'Orcette
Thécla de l'Amarel
Samia Cynthia
Gazé aux ailes de tulle
Grande-Queue-Fourchue

21. Très courts poèmes floraux (Artistes n°85, 13/03/00)

Les anonymes qui attribuent aux fleurs sauvages leur nom devraient être répertoriés comme poètes ; et leurs poèmes de un, deux ou trois mots servir de motif à toutes les peintres de fleurs enfermés dans leur appartement. Voici quelques dénominations usuelles, auxquelles il ne vous reste plus qu'à donner forme sur la feuille blanche. Les mots sont souvent aussi beau que les choses, mais autrement. Au peintre de se mesurer aux uns et aux autres.

Aigremoine Epatoire	*Linaigrette engaînée*	*Potentile tormentille*
Alchémille des Alpes	*Mirobolan*	*Pulsatille étalée*
Cabaret des oiseaux	*Monotrope suce-pin*	*Renouée aiguë*
Cucubale à baies	(plante saprophyte)	*Séneçon visqueux*
Epilobe velue	*Oenanthe fistuleuse*	*Tétragonolobe*
Gymnadénie à long éperon	*Orchis bouffon*	*Toute-bonne*
Herbe à l'esquinancie	*Orobanche du gaillet*	*Trique-Madame*
Herbe aux mamelles	*Peste d'eau*	*Verge-à-pasteur*
Impatiente ne-me-touchez-pas	*Pétasite*	*Viorne lantane…*
Inule fausse-criste	*Petit muflier*	
Lamier à feuilles embrassantes	*Pirole déjetée*	

Ce ne sont pas des noms d'oiseaux, mais le capitaine Haddock aurait quand même aimé. Dommage, il n'était pas peintre.

22. **Oubliez la couleur**

Transformez en camaïeu le plus proche possible du monochrome une image en couleur, ou ne vous servant que d'effets de contrastes de textures, d'oppositions mat / brillant, opaque / transparent.

(En Afrique aujourd'hui, on se préoccupe moins de différencier un bleu d'un jaune ou d'un rouge que de préciser si la couleur est tendre ou dure, sourde ou sonore, sèche ou humide. Certaine langue africaine ne dispose pas même de mot pour signifier « couleur ».)

L'écriture comme dessin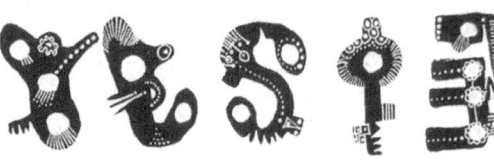

L'écriture est une excellente matière première pour bâtir des compositions abstraites. Ouvrez un dictionnaire, cherchez sur internet, vous verrez qu'il existe un grand nombre d'alphabets, qui constituent un répertoire généreux de formes simples et pures prêtes à servir dans vos peintures. Alphabet latin, cyrillique, kanjis japonais, signes arabes, alphabet phonétique international…Mais aussi divers signes employés dans des disciplines spécialisées : mathématiques, électronique, etc… Sans même vous soucier du sens et du contexte, vous pouvez utiliser écritures et symboles comme des motifs recyclables. Un peu comme ces paysans qui utilisaient jadis les pierres des monuments en ruine pour construire leurs habitations.

23. **Vous me ferez 12 signes** (stage 1997)

À partir d'un signe simple extrait d'un alphabet, exprimez-le de 12 manières différentes en conservant son dessin mais en faisant varier votre manière de le tracer :

- Un signe travaillé en réserve sur le fond ;
- Un signe tracé au moyen d'un pochoir ;
- Un signe tracé au couteau ;
- Un signe d'un coup de pinceau ;
- Un signe d'un coup de crayon, puis aplat de couleur se dégradant à partir des contours ;
- Un signe formé d'un papier collé ;
- Un signe gratté à la pointe d'une lame ;
- Un signe tracé au spalter ;
- Un signe tracé d'un raclage ;
- Un signe tracé au chiffon.

La composition jouera de cette relation entre la *répétition* et la *variation* :
- Répétition du même motif ;
- Variation d'une technique à l'autre.

24. Signes d'urgence   (stage 01/08/97)

Préparez vos couleurs et vos outils favoris. Un meneur de jeu va énoncer une suite de 7 mots : vous devrez dans l'urgence créer un signe arbitraire pour signifier chaque mot proposé. Si vous travaillez seul, pointez 7 mots au hasard dans le dictionnaire ou ailleurs pour réaliser cet exercice.

Cet assemblage précipité de signes, jetés chaotiquement sur une première feuille, vous allez le répéter sur une feuille voisine mais cette fois d'une manière soignée, ordonnée, sage.

Puis les deux compositions, la « folle » et la « sage », vous allez les relier pour en faire un diptyque.

25. Invention d'une écriture   (stage 05/07/00)

Format : Réfléchissez à un format inhabituel, éloigné des proportions ou des dimensions qui vous sont familières, tout en restant réalisable dans le lieu et le temps dont vous disposez. Exemple : feuille de format raisin découpée en bandes de 16 X 65 cm mises bout à bout, ou en banderoles verticales…

Sujet : un alphabet imaginaire formé d'une combinaison de carrés, ronds, triangles, lignes droites, brisées, courbes, serpentines, points, pointillés… Puis un texte bref, sensé ou non, composé avec cet alphabet.

Composition : par alignement, soit de gauche à droite, soit de haut en bas, soit en boustrophédon (comme les bœufs au labour, de gauche à droite et de droite à gauche et de gauche à droite, etc.…), soit une autre formule à inventer. L'alignement restant indispensable d'une manière ou d'une autre pour respecter l'idée d'écriture, et ne pas se contenter d'une composition simplement abstraite et géométrique.

Relation au réel : chaque forme est produite par la relation à quelque chose d'existant. Si vous tracez un trait, il peut être le relevé de la silhouette d'une brindille ; si cette brindille comporte une nodosité, on la retrouvera dans chaque trait, comme un signe distinctif de votre alphabet. Une courbe sera le décalque d'une ficelle déposée au hasard sur votre feuille, et répétée chaque fois dans cette même forme et même longueur. Un rond sera toujours le contour du même objet rond choisi une fois pour toutes. Les signes d'écriture seront le produit de ces formes seules, ou en combinaisons.

Outils : dans un premier temps, vous n'utiliserez pour ce sujet que deux outils contrastés. Par exemple, un spalter de 50 mm et un petit-gris n°8.

Couleurs : commencez en noir et blanc, puis introduisez petit à petit la couleur en l'utilisant d'une manière signalétique, chaque couleur correspondant à une signification édictée par vous. Vous choisirez la manière de traiter les surfaces pour accentuer les impressions ressenties à ce stade de votre composition.

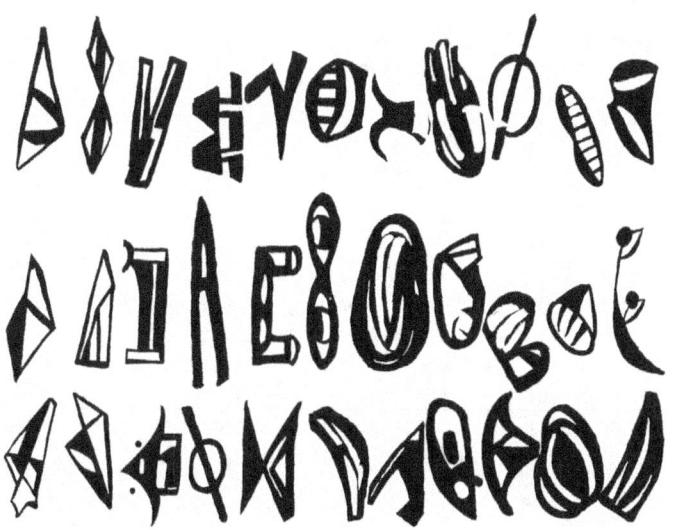 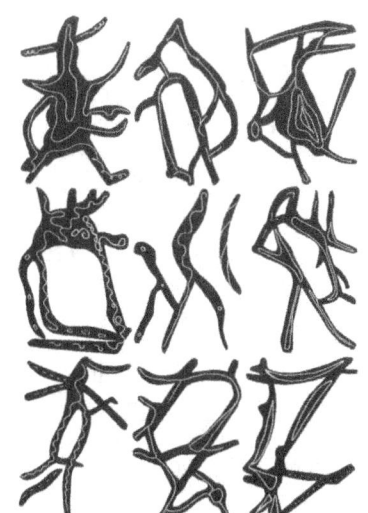

26. Empilement de lettres

Prenez un mot, chaque lettre de ce mot, tracez-la en pleine page sur votre feuille : la 2e lettre recouvre la 1ère, et la 3e recouvre la seconde, et ainsi de suite. Cette façon d'écrire en empilant et superposant les lettres au lieu de les aligner vous donne une matière première de composition abondante et facile.

III. Le peintre et lui-même

Cessez de vous identifier à ce qui vous limite. Vous qui êtes artistes, essayez d'éviter l'expression de vous-même. Ne faites pas confiance à vos propres paroles. Méfiez-vous de votre foi et ne croyez pas à vos sentiments. Dégagez-vous de votre apparence et redoutez toute extériorisation autant que l'oiseau redoute le serpent.
GOMBROWICZ, FERDYDURKE.

La peinture, les pinceaux, les couleurs, votre sujet, vous avez tout bien réuni autour de vous. Et vous, dans tout ça ? Votre passé, votre présent, votre inconscient, vos certitudes, vos doutes, vos goûts et vos dégoûts, votre envie d'aller faire un tour, vos petits rituels pour peindre... Toutes ces données-là ont au moins autant d'importance que le poil de vos brosses, les couleurs ou le sujet en or que vous avez sous la main. Mais vous avez beau le savoir, que faire de ce savoir-là ?

Surtout, n'y pensez pas trop, et découvrez simplement qu'inventer des comportements, vous jouer la comédie, vous regarder peindre et jouer de ce regard-là vous permet d'agrandir et d'aiguiser l'artiste qui est en vous.

Pour cela, prenez-vous vous-même comme sujet d'observation et d'expérience, et comme le premier et le plus subtil outil dont vous disposez.

27. **Rituels de peinture** (stage 17/07/92)

Vous pouvez non seulement regarder vos peintures, mais aussi vous regarder peindre et de là, tirer des idées de peinture. Telle personne aimera peindre à quatre pattes par terre, telle autre aura besoin de s'entourer d'un empilement chaotique de matériaux de récupération divers ; une troisième préférera un ordre rigoureux pour disposer couleurs et outils, etc...

Au lieu de réfléchir à un nouveau sujet de peinture, vous allez réfléchir à une nouvelle façon de peindre, de vous installer, de vous comporter. En imaginant une situation inhabituelle, juste pour le goût de l'expérimentation.

Quelques propositions :

- Vous revêtez une tenue de soirée pour exécuter avec soin et élégance une peinture à la lueur des chandelles, dans votre séjour installé comme pour une réception.

- Vous installez votre chevalet très haut pour peindre les mains en l'air, et éprouver plus intensément dans votre corps l'effort physique, la douleur et le courage nécessaire pour peindre.

- Vous vous installez sous une table, dans l'obscurité des pans d'une nappe, pour peindre en secret.

- Vous vous installez à plat ventre sur une balançoire pour peindre sur une longue feuille disposée en dessous.

28. **Inspiration artificielle** (n°4-17, 1993)

Contre l'angoisse de la feuille blanche, il existe plusieurs méthodes d'*inspiration artificielle*. De quoi est faite une peinture ? De matières, de formes. D'idées aussi, qui parfois se cachent frileusement dans un repli du cerveau. Comment les faire sortir ? Par la contrainte. (Peindre en *liberté, que de crimes on commet en ton nom !*) Voici quelques conseils pour fouetter votre inspiration, puis la cadrer pour la faire avancer. La liste de ces conseils peut être indéfiniment rallongée, ou simplement ramifiée de variantes. Pour bien vous en servir, sachez arrêter des choix : le vrai problème de l'inspiration, ce n'est pas le manque, mais le trop-plein des possibles.

Prenez une aire limitée, le plan d'un mur, un rectangle de toile, affrontez votre corps à cet espace-là, vous avez pris au piège, symboliquement, le monde entier.
MARC LE BOT, LE DERNIER TABLEAU.

MATÉRIEL

Pour conjurer d'emblée ce grand vertige du « tout est – possible – mais – rien – n'est – nécessaire », imposez-vous une gamme limitée d'outils typés, face à un ou des supports donnés. 3 exemples :

- Un spalter, + un couteau pour aborder une série de 12 carrés de papier de 50 X 50 cm.
- Un seul pinceau de martre n°0 face à une toile de 60 paysage.
- Exclusion délibérée de tout outil beaux-arts au profit d'une utilisation de chiffons, doigts, brindilles, couverts en plastique ; travail sur des chutes de papier, de carton, de bois, de toile. Etc...

Définissez une palette et des matériaux :
- couleurs non basiques, 4 familières de votre palette, et une inhabituelle qui devra prendre toute la place.
- Dressez la liste de vos couleurs préférées, puis interdisez-vous en l'emploi.
- Utilisation de papiers collés uniquement, aux tons modulés par lavis ou glacis d'une seule couleur.
- Matériaux de récupération exclusivement.

FORMEL

Une peinture peut être une image, des signes, des formes pures, une absence de formes, du plein, du vide, un espace, des objets, des gestes tracés. Entourez une ou plusieurs de ces propositions.

Puis décrivez la proposition choisie avec des mots, ou des croquis, des gribouillis, des découpages ou des photos. Choisissez un de ces moyens. Revenez à la case « MATERIEL » pour passer à la mise en œuvre.

SPIRITUEL

Isolez-vous, fermez les yeux et concentrez-vous 5 minutes montre en main. Oubliez que vous voulez faire de la peinture.

- Vous avez envie de vous précipiter sur la feuille en la sabrant de couleurs. Posez un réveil face à vous, et réalisez 12 peintures énergiques de 50 X 50 cm en 12 quarts d'heure, sans interruption et sans reprises.
- Ou vous avez envie de programmer votre travail sur une longue, délicieusement longue distance, grandes toiles et petits pinceaux à raison d'une séance de 8h à 12h, et de 14h à 18h tous les lundis pendant 10 ans minimum.
- Vous pouvez aussi définir un moyen terme dans l'utilisation de votre temps et de vos sentiments. Entre la force brute et les gestes paisibles, l'envie de vitesse et la contemplation, d'autres états d'âme et d'autres peintures sont possibles, sur mesure.

De l'esprit dans la matière et dans la forme, voici ce qui donne une bonne peinture, et parfois rien. Alors, on peut faire semblant d'être inspiré avec les moyens proposés ici, et cette imitation de l'inspiration, parfois, la fait survenir pour de bon. C'est une méthode triviale, comme peut être trivial un artiste dans l'intimité. Les belles plantes s'épanouissent en se nourrissant d'engrais, et l'engrais, avec quoi le fait-on ?

29. Tuez l'hésitation (en cochant des cases) 21/01/98

Tout tableau défie l'insensé ou le chaos du visible, par désir de regard et de sens. Il fait événement dans un hasard de visibilité. Son défi est un coup de dés : le non-sens jamais aboli, après chaque coup on recommence.
MARC LE BOT, *LE DERNIER TABLEAU*.

Vous avez lu la page précédente et vous êtes convaincu. Vous allez vous mettre à peindre, c'est sûr. Jusque là tout va bien. Mais il y a toutes ces fichues hésitations qui bourdonnent autour de vous comme des moustiques importuns : vous allez peindre sur papier ❏ ou sur toile ❏ ? Ou peut-être sur bois ? ❏ Ou un autre support de fantaisie. Lequel :......................

Un peinture figurative ❏ ou abstraite ❏ ?

Si elle est figurative, plutôt naturaliste ❏, expressionniste ❏, naïve ❏, comme ça vient ❏, avec des collages ❏ ?

Si elle est figurative, sans personnage ❏, ou avec un ❏ ou des ❏ personnages ? Combien : ... ? hommes :...❏ femmes... ❏ enfants... ❏. Anonymes ❏ ou connus ❏ ? D'hier ❏ ou d'aujourd'hui ❏ ? Avec d'autres êtres vivants ❏, des animaux ❏, petits ❏ ou gros ❏, ou seulement des plantes ❏ comestibles ❏ non comestibles ❏ ?

Si votre peinture est figurative mais sans êtres vivants ❏, elle représente des objets façonnés par l'homme ❏ ou des objets naturels ? ❏ un seul ❏, un peu ❏, ou beaucoup ❏ d'objets ? Des objets homogènes ❏ ou hétérogènes ❏ ? Il s'agit d'une scène d'intérieur ❏ ou extérieure ❏ ? Dessinée sur le motif ❏ ou d'après photo ❏ ou de mémoire ❏ ou d'imagination ❏ ?

Si elle est abstraite, il s'agit d'une abstraction matiériste ❏ ou gestuelle ❏ ? Géométrique ❏ ou fluide ❏, de l'ordre du signe ❏ ou autre .... ?

Abstraite ou figurative, votre composition est dense ❏ ou dépouillée ❏ ? Colorée ❏ monochrome ❏ ou camaïeu ❏ ? Avec du relief ❏ ou sans ❏ ?

Citez les 3 premières couleurs précises qui vous viennent à l'esprit :

1/ .... 2/ .... 3/ ....

Evitez les termes génériques « bleu », « rouge », « jaune », etc, et précisez des noms de couleurs particulières. Peignez avec ces couleurs et elles seules ❏, ou avec n'importe quelles couleurs sauf celles-là ❏. Autorisez vous en plus le noir ❏ et le blanc ❏.

L'énoncé de cet exercice pourrait compter autant de pages, et former autant de volumes qu'en contient la *Bibliothèque de Babel* de J.-L. Borges. Alors arrêtons là. Mais comment fonctionne t-il, cet exercice ? Cochez *sans lire et sans réfléchir* des cases au hasard. Quand vous cochez des cases contradictoires, sélectionnez la première. Et voilà, vous obtenez l'énoncé détaillé de votre sujet. Avec pour finir une absence de choix : travaillez à l'acrylique et aux techniques dérivées de l'acrylique.

> **La Bibliothèque de Babel.** Jorge-Luis Borges imagine une bibliothèque dont tous les livres seraient composés avec le même alphabet, et comporteraient le même nombre limité de lignes et de pages. Mais toutes les combinaisons possibles de lettres et d'espaces de cet alphabet dans ce nombre de pages seraient contenues dans cette bibliothèque. Donc, fatalement, au milieu d'un fatras quasi mais non infini d'assemblages insignifiants de signes, le hasard composerait les plus beaux poèmes, décrirait le passé, le présent et le futur, toutes les vérités essentielles de l'humanité, et ses mensonges. Une seule lettre, un seul espace différent entraîneraient l'existence d'un nouveau livre. Le monde entier serait contenu là, le vrai et le faux, le futile et l'important, la destinée de chaque insecte comme les épopées des héros. Mais tous ces textes, disposés au hasard de leur production, resteraient inaccessibles car enfouis dans l'immensité des rayonnages de livres dépourvus de sens. De ce vertige devant l'infini de la connaissance et des actions possibles, Borges a tiré un texte merveilleux, et bref. En peinture aussi, on éprouve ce vertige devant la toile blanche. L'hésitation improductive qui en découle, vous allez la tuer, au moyen de cet exercice, avec l'arme du hasard.

30. Rétroviseur (2001)

Regardez dans votre rétroviseur : toutes les peintures que vous avez déjà faites. Essayez d'en réinterpréter quelques-unes comme s'il s'agissait de celles d'un autre. Soit d'après nature, soit d'après photo, ou photocopie, ou transfert. Le fait de quitter le réel, les sensations extérieures, pour vous nourrir de votre propre travail a un côté auto-anthropophage qui mérite d'être expérimenté.

Vous pouvez aussi réaliser un assemblage de photos de vos peintures si dense, si serré, que leur contenu initial disparaît et se réincarne en une autre composition.

Autre exercice de rétrovision : choisissez 3 peintures. D'après le regard porté sur elles, déduisez-en 3 nouvelles avec cette seule consigne : ces peintures devront être conçues, la 1ère comme un *prolongement*, la 2e comme une *suite*, la 3e comme un *recommencement*, et elles devront se relier aux trois premières avec un maximum de rigueur et un minimum d'encombrement.

> *Il était exaltant de chercher et de trouver, ou de créer, le mot juste, c'est-à-dire mesuré exactement, bref et fort, de tirer les choses du souvenir, et de les décrire avec le maximum de rigueur et le minimum d'encombrement.*
> PRIMO LEVI, *LE SYSTEME PERIODIQUE*.

31. La reproduction (stage 23/04/99)

Le mot reproduction a deux sens : reproduire une peinture, c'est-à-dire la refaire plus ou moins à l'identique. Imaginons, au lieu de la reproduction *d'une* peinture, la reproduction *de la* peinture, comme on parle de la reproduction pour les êtres vivants.

Vous allez partir d'une de vos peintures, puis vous allez apprêter votre plan de travail comme s'il s'agissait de préparer une cérémonie, d'accomplir un rituel.

De même que la reproduction, chez les animaux par exemple, s'accompagne le plus souvent d'une forme de mise en scène (danse nuptiale...), la préparation de la reproduction de votre peinture va commencer par la confection d'un petit théâtre, arrangement de votre espace de travail, de vos outils et matériaux, comme pour préparer un événement singulier.

L'objectif, au final, sera de créer une peinture inspirée d'une autre de vos peintures, une peinture fille de l'autre, dont la caractéristique principale sera d'être plus pure et plus simple, élaborée avec moins de tâtonnements que celle dont elle sera issue.

Il s'agit donc, au premier degré, de refaire une peinture en mieux. Au second degré, de se regarder peindre et de sentir, en l'établissant, le lien de filiation d'une peinture à l'autre comme il doit en exister dans l'œuvre d'un peintre. Se regarder peindre en mettant un peu de cérémonie dans sa façon d'agir vise à passer du stade de la paramécie à celui de l'animal supérieur qui fait des efforts de présentation et de comportement pour se reproduire.

32. Autoportrait en autre (Artistes n°76, 25/06/98)

Réunissez plusieurs portraits différents de vous-même. Puis prélevez sur chaque document un fragment : l'œil droit, le gauche ; la bouche ; le nez... Ré-assemblez-les pour recomposer en collage votre visage qui, formé de détails ressemblants, sera pourtant, globalement, forcément dissemblable. L'accumulation de détails réalistes vous aura conduit à une représentation poétiquement irréaliste, un portrait qui sera à la fois vous et un autre.

33. L'inconnu au bout des doigts (Artistes n°84, 17/01/00)

« *Un homme seul est toujours en mauvaise compagnie.* » (Paul Valéry). La réalisation de votre autoportrait suppose, a priori, que vous n'avez pas peur de passer des heures seul avec vous. Cela posé, admettez cette hypothèse que l'on vous demande, que l'on exige de vous un autoportrait en y ajoutant cette condition : l'exécuter sans miroir, sans photo, simplement en palpant vos traits avec vos doigts pour en deviner les formes. En vous priant même d'imaginer que vous n'avez jamais vu votre propre tête dans un miroir, ni en photo ; en vous imposant de faire l'effort d'oublier vos traits pour ne pas manifester de surprise devant l'étrangeté du dessin que vous ne manquerez pas de produire ! À partir de là, il vous restera à trouver un maquilleur capable de vous faire ressembler au dessin produit. Après tout, pourquoi ce serait toujours au dessin de chercher à être ressemblant, et non l'inverse ? Et vous vous sentirez moins seul avec une tête inconnue.

Avoir la touche. Observez votre profil en passant votre doigt au long de votre visage pour le dessiner d'après l'idée que vous vous en faites au toucher.

Couché. Relevez le contour de votre profil en appuyant votre tête contre votre feuille. Dans cette position, évitez de vous endormir.

Ombre portée et déformée. Faites saisir par une autre personne l'ombre portée de votre profil. Manipulez l'éclairage pour obtenir des déformations et composer avec.

Autoportrait en fuite. Représentez-vous d'après votre photo d'identité, en regardant attentivement la photo comme si vous étiez de la police. Mais dessinez-vous sans regarder le dessin que vous êtes en train de faire, comme si vous étiez contraint d'avoir toujours votre photo à l'œil pour qu'elle ne s'enfuit pas.

Portrait objet. Représentez-vous d'après le contenu de vos poches, de votre sac, en vous interrogeant sur l'usage, la provenance et le devenir de chaque objet.

Avoir la cote. Faites vous mesurer sous toutes les coutures, puis dessinez d'après ces cotes comme s'il s'agissait d'une notice de montage de vous-même.

34. S'inventer une « première fois » (Artistes n°84, 17/01/00)

« Prendre des mesures. » « Se mesurer. » « Au propre et au figuré. » « Se figurer en propre. » Quatre expressions comme autant de pistes de recherche. Mesurez les traits de votre visage avec un pied à coulisse, mesurez votre tête avec le pied (à coulisse), mesurez-vous de la tête au pied. À défaut de pied à coulisse, prenez un simple mètre de couturière et relevez la hauteur de votre crâne, sa largeur, la largeur de vos yeux, la largeur entre vos yeux, de vos lèvres, des lèvres au nez, accumulez ainsi les mesures dans un vertige anthropométrique, à la recherche d'une folle ressemblance mathématique, mesurez-vous à cette impossibilité d'épuiser les relevés possibles des traits de votre visage. Puis, avec ces calculs, dessinez malgré tout, le plus fidèlement possible, pour figer vos traits si mobiles dans un hiératisme évoquant une figure primitive. Représentez votre visage comme si vous étiez le premier homme, ou la première femme, à vous livrer à cette pratique magique.

35. Têtes d'expression (stage 18/07/95)

Au XIXᵉ siècle, le thème de la tête d'expression était un classique de l'enseignement académique. Il s'agissait d'illustrer avec pertinence, en représentant un portrait, des sentiments tels que :

La colère - la concupiscence - l'envie - le courage - la peur - l'orgueil...

Vous allez revisiter ce sujet traditionnel en créant un masque fortement structuré, les traits du visage étant formés exclusivement de formes et de rythmes géométriques à la limite de l'abstraction. L'effet produit ne doit pas être caricatural, mais expressif.

36. Dix ans (Artistes n°84, 17/01/00)

Tous les jours, griffonnez un croquis rapide de votre visage, croquis auquel vous consacrez le même temps qu'à vous brosser les dents. Peu importe au départ la qualité ou la justesse de l'exécution. Surtout, privilégiez la régularité de votre travail, son systématisme. Imaginez 10 ans de carnets de croquis, un par jour, avec l'évolution du dessin d'un côté, de votre visage de l'autre ! Ce projet mené à bien vous permettra de mener de front l'apprentissage de la technique du croquis, et la création d'une œuvre en soi : parmi 3652 croquis réalisés en dix ans, choisissez-en une quarantaine, un par saison, et vous aurez un autoportrait en perspective, la perspective la plus difficile à rendre, celle de la 4ᵉ dimension, le temps. Rendez-vous en 2010 ?

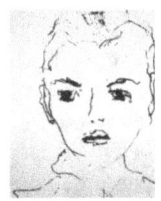

Les 7 péchés capitaux

Imaginez des façons de peindre inspirées des péchés capitaux : *avarice, colère, envie, gourmandise, luxure, orgueil, paresse*.

37. L'avarice (18/06/01)

Pendant un an, décidez de ne plus acheter aucune fourniture beaux-arts ou apparentée, et de ne peindre qu'avec des choses que vous possédez déjà : fonds de pots de peinture, outils de fortune, vieux papiers, toiles récupérées, bouts de planches. Et soyez même avare de votre inspiration en ne faisait que reproduire avec ces moyens limités des choses que vous avez déjà faites. Le risque, avec ces moyens peu plaisants, est d'arriver à produire malgré tout une œuvre originale et sensible que vous aurez un mal fou à garder pour vous.

38. La colère (18/06/01)

Un jour de grand ménage dans votre atelier, mettez de côté toutes sortes de vieilles études, vieilles peintures, dont décidément vous n'êtes pas satisfait. Prenez un grand pot de gesso ou d'acrylique blanche, et recouvrez tout. Votre colère est si intense contre ces ratés que vous n'avez même pas l'envie de les déchirer, les lacérer. Non. Ils ne sont rien, juste des supports à récupérer. Violente, la colère blanche !

39. L'envie (18/06/01)

Contemplez l'œuvre d'un grand maître, connu et reconnu, dont l'œuvre vous touche et vous interloque en même temps. Pas exemple, « Carré blanc sur fond blanc » de Malevitch, « Composition avec rouge, jaune et bleu » de Mondrian. Reproduisez-la telle quelle, dans sa pureté, sa simplicité, sur un même support, un même format, avec la même technique. Elles vous font envie, ces œuvres, elles vous rendent jaloux par la place qu'elles ont conquise dans l'histoire de l'art et surtout dans l'âme de tant de gens. Elles vous feront toujours envie même après les avoir copiées.

Vous pouvez tentez cet exercice soit avec une œuvre que vous aimez ; soit avec une œuvre que vous détestez ou contestez. (cf. exercices « *Jouez à l'artiste* » et « *Dégoût fertile* ». Choisissez un sujet que vous pouvez techniquement reproduire. Vermeer, pourquoi pas, mais cela a déjà été fait par Van Meegeren, ce dernier ayant finalement aussi mérité sa place dans l'histoire de l'art.

40. La gourmandise (18/06/01)

Jeûnez un peu, pour bien éveiller votre appétit. Puis allez faire votre marché, achetez de bons et beaux produits pour composer une nature morte des plus appétissantes dans le but de la peindre. Quand elle est parfaitement disposée et prête à servir de modèle, préparez vos couleurs et pinceaux, en même temps que vous mettez le couvert. Puis votre nature morte, mangez-la. Mangez-la en la regardant bien, en prélevant avec délicatesse chaque mets pour garder jusqu'au bout l'élégance de sa présentation.

Puis allez faire la sieste, une promenade. En revenant, il sera toujours temps de vous mettre à la peindre, d'après le souvenir des plaisirs qu'elle vous aura déjà procurés.

41. La luxure. (18/06/01)

Installez sur un sol confortable la surface d'un grand drap en toile à peindre, et votre matériel de peinture. Prenez un ouvrage illustré sur le Kama Sûtra, et invitez votre compagnon ou votre compagne à travailler pour reproduire avec vous les scènes proposées de deux manières à la fois : en réalité et en dessin, simultanément. L'objectif recherché n'est pas forcément la reproduction, ni des illustrations, ni des artistes. Juste obtenir un délicat effet plastique dans cette action où se mélangent les genres.

42. L'orgueil (n°3-38, 1994)

L'ordinaire de ce qu'on a sous les yeux est souvent chaotique : faites cette expérience de prendre des photos arbitraires, de façon improvisée et irréfléchie, dans un lieu et à un moment ne présentant aucun intérêt particulier : n'est-ce pas humiliant, cette laide banalité qui imprègne tant d'instants de notre vie ? Vous allez réagir, manifester un sursaut d'orgueil !

Toutes ces choses aussi vaines que diverses que vous avez photographiées, vous allez les redresser par les moyens de la peinture et du dessin. Faute de pouvoir mettre de l'ordre et de la beauté dans la réalité, vous allez en mettre dans votre peinture, en organisant dans une structure géométrique, solennelle et hiératique toutes ces formes et couleurs quelconques qui encombrent si souvent votre espace vital. Vous allez vraiment représenter ce que vous aurez photographié, sans rien omettre, mais en soumettant le désordre sans âme à cet ordre apaisant de la géométrie.

43. La paresse (n°5-1, 1996)

*Tout le malheur des hommes vient d'une seule chose
qui est de ne savoir pas demeurer en repos dans une chambre.*
PASCAL

Assieds-toi en silence, ne fais rien. Le printemps vient, et l'herbe pousse toute seule.
ZENNI KUSHU

*La paresse n'est pas un péché. En tout cas, au Moyen Âge, elle ne figurait pas dans la liste des sept péchés capitaux.
À sa place, la tristesse, tout près de l'avarice. La joie, elle, était une vertu.*
CHANTAL CONAY

Devant votre feuille blanche, attendez. Laissez passer du temps. Un quart d'heure sans rien faire, sans rien dire, au repos. Si un quart d'heure, c'est trop peu, n'hésitez pas à faire durer. Puis commencez à tailler des crayons au-dessus de votre feuille, à faire des gribouillis de téléphone, ce genre de choses. Occupez trois heures à ces menues occupations improductives. Trois heures sans rien faire de sérieux, c'est long. S'il vous vient de vagues sentiments d'ennui ou de culpabilité, contemplez-les sans réagir : c'est une donnée essentielle de cet exercice.

Puis, un jour de courage, d'envie d'ordre et de netteté, vous peindrez un cadre raffiné autour de ce moment de paresse. Imaginez des motifs géométriques, associant douceur et structure. Après la paresse, la paix et la sécurité en plus.

44. Le mouvement primordial (Artistes n°69, 09/97)

Un vieil homme, du mouvement libre et dansant de sa main, trace des milliers de point sur un papier, formant des nuages d'étoiles qu'il appelle des Méditations graphiques. Cet artiste s'appelle Pierre Abeille. Il faut toute une vie – et la pratique de la méditation Zen – pour arriver à faire ces tableaux qui peignent le mystère du vide et du silence.

Je retiens dans cette démarche le pur et simple mouvement de la main, prendre une couleur et un pinceau et remplir sans réfléchir une feuille de signes tout simples, des dessins machinaux comme on en fait au téléphone ou en réunion. Cette danse du geste en faisant le vide dans son esprit, faites-en l'expérience : vous découvrirez ce genre de peinture qui évoque le mouvement primordial de l'univers, quand tout existe et rien ne s'est encore formé. Je parle du mouvement primordial de *votre* univers, contenu dans votre main quand vous ne la retenez pas.

45. Cas de force majeure (n°5-4, 1996)

Ne remets pas à demain ce que tu peux faire après demain.

Aujourd'hui, vous avez une journée chargée : faire vos comptes, téléphoner à des administrations, aller au supermarché et à la cordonnerie, plein de choses passionnantes comme ça. Et vous allez tout remettre à plus tard pour un cas de force majeure : ni une grippe vous clouant au lit, ni un accident. Pour ça déjà, tout peut s'arrêter. Mais pour quelque chose de pire, d'injustifiable : vous allez faire de la peinture. Et cette peinture parlera de tout ça, de toutes ces corvées, pour y faire écho.

Un écho ironique et étonné. Vous allez méditer quelques minutes et essayer d'attribuer une couleur et une matière à cette journée-là, morne et bête, qui vous attendait placidement dans l'inexorable écoulement de vos jours. Et sur votre toile, vous allez brosser un fond fait de cette grisaille, de ce flux continu d'impressions rétiniennes qui colonisent si bien votre cerveau : une liste de courses, un papier des impôts, une pub racoleuse, une tache louche sur le trottoir. La vie. Faire ci et penser à faire ça, regarder l'heure, avoir faim, se nourrir en pensant à autre chose, se dépêcher de se dépêcher, jusqu'à l'effacement complet de tout sens au sein de l'abondance des petits soucis.

Seulement cette fois, sur ce fond gris et sale que vous aurez brossé, vous allez reconquérir pas à pas, lettre à lettre, un espace de liberté. Vous allez utiliser une peinture blanche assez fluide, puis écrire de haut en bas, de gauche à droite, et tranquillement, tout ce que vous deviez faire et que vous n'allez pas faire aujourd'hui, tout ce que vous allez penser en pensant à ce que vous n'allez pas faire. Ecrire, écrire tranquillement, avec la même régularité que met le temps à passer.

Et cette peinture, dans dix ans, aura pour vous beaucoup plus d'importance que le contenu de cette journée pleine d'urgences et d'obligations dérisoires vues de dix ans plus tard.

46. Inspiration, expiration, peinture (13/09/00)

Sur votre feuille de Canson, collez sans réfléchir et sans composer, mais avec soin, tout ce qui vous tombe sous la main en matière d'images et de papiers colorés.

Quand votre surface et remplie, prenez une petite brosse plate et du blanc et effacez petit à petit toutes ces formes et ces couleurs en ne laissant que leurs contours.

Puis remplacez certains blancs par des ocres pales, de façon à dégager une forme aléatoire blanche cernée de traits multicolores.

D'abord le plein, puis le vide, comme l'inspiration et puis l'expiration : votre air, ce sont les formes et les couleurs.

Lorsque nous respirons, nous faisons passer le monde par notre corps, où il infuse doucement, puis nous lui rendons sa liberté, légèrement modifié du fait qu'il nous a connu.

DIANE ACKERMAN, *LE LIVRE DES SENS*.

47. Holzo, la peinture navajo

(n°3-119, 1998)

Pour voir l'infini dans un grain de sable
Et le paradis dans une fleur sauvage
Saisis l'infini dans la paume de ta main
Et l'éternité dans l'heure qui passe.
WILLIAM BLAKE.

En navajo, un seul mot, « holzo », signifie à la fois beauté et santé. Le mot « art » n'existe pas dans leur langue. Quand les navajos peignent ou chantent, ils prient ou ils soignent. Leurs peintures sur sable sont composées en tenant compte de la course du soleil, et les pigments en poudre qui les composent sont ensuite prélevés par les mains humides d'un médecin puis appliqués sur un corps souffrant préalablement purifié par sudations, vomissements, défécations. Quand les navajos présentent des peintures à un public profane, ils modifient leurs combinaisons de signes pour en rendre la magie inopérante.

Nous ne connaissons l'art des navajos qu'indirectement, grâce à des aquarelles réalisées dans les années vingt par une américaine, Mme Newcombs. Ces aquarelles ont été réalisées de mémoire, sur papier d'emballage, après qu'elle ait pu assister à une cérémonie en ayant pour consigne de ne pas tout révéler. Il s'agit de compositions symboliques exprimées dans une géométrie simple et claire. Les navajos d'aujourd'hui, coupés de leurs racines, puisent à leur tour dans ces images-là pour retrouver une partie de leur mémoire disparue.

Finalement, ce qu'on connaît des pratiques navajos est aussi incertain que ce qu'on connaît de la peinture que l'on va faire avant de l'avoir commencée. La sagesse navajo se vit comme une certaine idée de la pureté, qu'on transmet par oral, la nuit, afin qu'elle reste aussi invisible et universelle que l'éternité. Réfléchissez-y. Puis attendez une nuit claire, la pleine lune par exemple. Faites-vous lire ce texte. Puis, *sans chercher à inventer quoi que ce soit*, reproduisez le schéma de votre corps dans la position où il se tient, sans utiliser autre chose que des lignes, des courbes, des cercles, des carrés des triangles, pour décrire toutes les sensations musculaires que vous éprouvez à ce moment. Puis, toujours dans la pénombre, appliquez simplement des matières colorées sur ces formes, avec beaucoup de *soin* dans l'exécution, d'attention portée au geste qui applique la couleur.

Le but n'est pas de faire beau, mais de faire bien, de se faire du bien dans l'action de peindre.

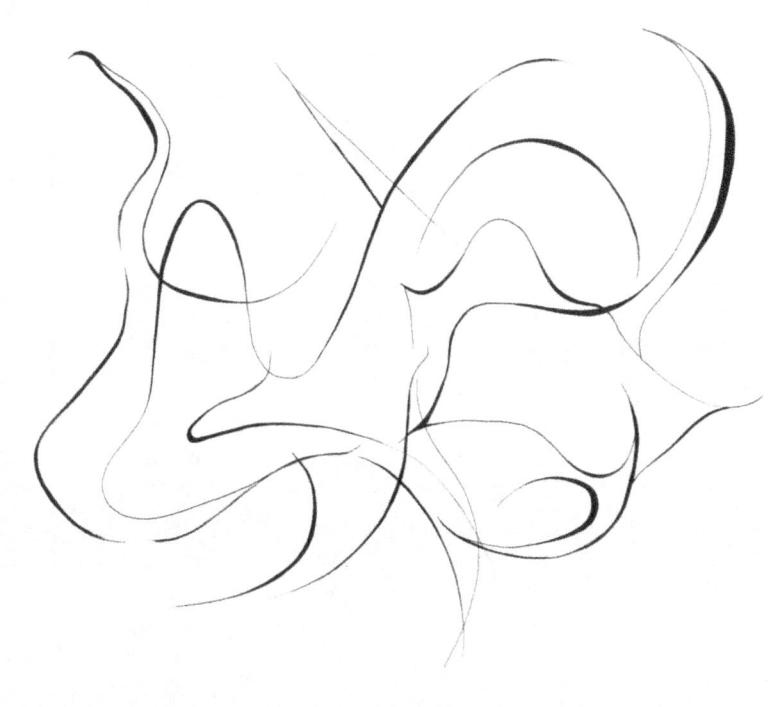

IV. Le peintre et l'âart

Nous avons l'honneur de vivre au début du 3ᵉ millénaire. Un pur coup de chance et il faut essayer de nous montrer à la hauteur : nous ne pouvons pas prétendre peindre comme si nous étions d'innocents nouveau-nés à la peinture, comme si Duchamp, Malevitch, Picasso, Dubuffet, Balthus, Pollock, Warhol, Buren, Basquiat n'avaient pas existé. Si quelques noms de cette liste vous paraissent contestables, ils ont cependant vécu, produit, été reconnus, et donc font partie de la culture qui nous façonne.

Après ces artistes qui l'ont parfois violentée, la peinture qui dominait hier le champ des arts plastiques se trouve aujourd'hui marginalisée par l'émergence d'autres pratiques artistiques (installations, événements multimédias…) qui monopolisent l'attention des institutions culturelles. Dans une biennale d'art contemporain aujourd'hui, à part quelques grands anciens en fin de vie, les peintres purement peintres sont rares.

Par ailleurs, jamais la pratique de la peinture amateur ou semi-professionnelle n'a été aussi répandue, en nous faisant courir ce risque de *la culture réduite au culturel, aggravé par la diffusion de masse* (HENRI MESCHONNIC). La peinture, l'art, sont en danger ? Surtout, ne feignons pas de croire que c'était mieux avant : *Il n'est peut-être pas inutile de se remémorer encore le fait que les maisons et les poèmes les plus laids des mauvaises époques naissent de principes aussi beaux que ceux des bonnes époques ; que tous les gens qui sont intéressés à démolir les réussites d'une bonne période ont le sentiment qu'ils les améliorent.* (ROBERT MUSIL, *L'HOMME SANS QUALITES.*). Dans les textes qui suivent, on ne regrette rien du passé de la peinture, on ne déplore rien du présent, on se sert simplement de l'Ârt contemporain comme d'un sujet d'observation et d'étude aussi digne d'intérêt qu'un compotier et des fruits.

48. La peinture sans problème (n°5-5, 1996)

Si l'Aârt contemporain nous emmerde puissamment (…), c'est d'abord parce qu'il n'a pas commencé par faire l'expérience de la gravité (masse et poids) d'une histoire ou d'une vie. Abstrait ou pas, matériologique ou illusionniste, ramasse-crottin du tout ou poche à vide, il flotte, misérablement, et vite s'évanouit sans laisser de traces autres que ces blocs ici-bas chus du désastre obscur de ce siècle : une boîte de soupe cabossée, là un urinoir, plus loin un barbouillis enfantin où passe fugitivement une ombre, un fantôme, une figure qui ne s'est pas donné le temps (coupables impatients !) de vouloir le temps, la dimension sans fond du temps.

JACQUES HENRIC

Pour le grand public, la peinture moderne c'est l'impressionnisme. La peinture ultra moderne, c'est Picasso. Aussi, quand un jeune étudiant débarque aux Beaux-Arts ou en fac d'Arts plastiques et découvre Duchamp, Malevitch, Supports-Surfaces ou BMPT, c'est la grande révélation. Ce que le petit étudiant ne sait pas, c'est que depuis environ un siècle, avec la force d'inertie propre aux enseignements académiques, les pratiques révolutionnaires ou subversives de ces artistes et de ces mouvements sont devenues aussi lourdement institutionnelles que celles qu'elles prétendaient balayer.

Supports-Surfaces ou BMPT, eux-mêmes plus ou moins les avatars de Duchamp, Dada, Malevitch, ont particulièrement essaimé dans les écoles. À tous les niveaux de l'enseignement des Arts plastiques, on voit les professeurs ressasser indéfiniment les mêmes « remises en question des moyens picturaux traditionnels ». Et que je te peigne des motifs répétitifs, et que je te découpe, tresse, plie, froisse de la toile, et que je te monochromise, et que je te mette en avant la matérialité de la toile.

Tout cela vaut bien d'autres clichés, tels les clowns tristes, les petits chats dans un panier, les nus gnan-gnan, les croûtes néo-impressionnistes des peintres du dimanche. Ou tous les primitivismes bâclés et frelatés, les arts paresseusement bruts, les graffitismes jeunistes. D'un cliché l'autre, qu'en conclure ? Dérision, critique dérisoire de la dérision, second degré empêtré dans le premier, narcissismes piailleurs, facilités niaises. On étouffe. Comment se libérer de tout ça ?

Prenez une grande toile. Divisez-là en cases égales. Et exécutez une bonne fois pour toutes, sur cet unique support, des échantillons de chacune des pratiques artistiques énumérées ici. Cela vous amusera, vous fera pratiquer des petits tours techniques divers, et vous purgera une bonne fois pour toutes des problématiques futiles. Pour que la peinture soit moins un problème, finalement.

(Paru dans le courrier des lecteurs, BEAUX-ARTS 03/97)

49. Précipité de peinture

Composez un tableau uniquement à partir de l'écriture d'idées de tableaux.

50. Les retrouvailles forcées

Soit deux peintures d'autres artistes, éloignées l'une de l'autre, sur une longue cimaise occupée par d'autres œuvres qui les séparent. Imaginez pour chacune une composition, figurative ou abstraite, qui puisse renvoyer fatalement de l'une à l'autre, qui les réunisse par-delà leur séparation artistique et physique.

Pour bien exécuter cet exercice, imaginez que, sortant d'une grande exposition d'art contemporain, vous venez de regarder quatre cents one-man-show d'affilée. Vous cherchez le chaînon manquant entre Eugène Leroy et Roy Lichtenstein, entre Mondrian et Dubuffet. L'un de ces quatre artistes a œuvré dans ce sens (Abstract painting, de Lichtenstein).

51. Musée de poche

Réalisez un press-book au format italien, en considérant que chaque page représente le mur d'une salle de musée. Accrochez sur cette surface de papier les photos de vos tableaux comme si vous accrochiez les tableaux réels.

52. Changez les meubles de place (n°3-85, 1996)

Parfois, on n'a pas envie, ou pas les moyens, de déménager. Mais comme on aspire malgré tout à du nouveau, on change les meubles de place. En partant du même principe, saisissez-vous d'un abstrait géométrique, vous savez bien, ce poster de Kandinsky acheté chez Ikea et qui trône dans votre cuisine. Découpez-en les formes et disposez les autrement sur une feuille de papier : vous avez là un modèle vite fait bien fait pour organiser une nouvelle peinture.

53. Mondrian trahi 8 fois

Surfaces blanches, traits noirs, surfaces rouges, jaunes, bleues : prenez un Mondrian de la période la plus connue, et reproduisez-le en le trahissant de 8 manières. Refaites-le en donnant de l'expressivité aux touches ; ou en déplaçant les couleurs ; ou en modifiant leurs proportions ; ou en les nuançant ; ou en les changeant ; ou en les texturant ; ou en les travaillant par collage. Ou gardez les mêmes couleurs, mais créez des nuances dans les liaisons entre les surfaces Ne procédez qu'à une seule intervention à la fois, de façon à ce qu'on reconnaisse toujours votre source. Vous ne regarderez plus jamais Mondrian du même œil.

54. Gabariage (n°3-27, 1993)

Sur un sujet de votre choix – image, assemblage d'objets, portrait de votre voisin, le lieu autour de vous… – choisissez pour le représenter de tracer tous vos traits en les guidant avec un gabarit : une règle, ou un objet arrondi, ou toute autre forme ou mesure constante qui sera l'unité de base de votre système graphique.

Autres exemples :
- Dessinez en guidant vos traits avec un perroquet ; un peigne ; une pièce de monnaie ; un doigt ; un collier…
- Ne dessinez qu'avec des fragments de traits droits de 10 mm.
- Prenez une pelote de ficelle et des ciseaux, et tracez des lignes uniquement par collage de bouts de ficelle. Puis recouvrez ce dessin en relief avec un mortier ou du papier de soie, et faites-le ressortir ensuite par des effets de couleurs frottées et délavées.

But de ces exercices :

Découvrir comment un *style* peut se fabriquer de toutes pièces à partir d'un simple procédé. Le style en question, très typé, masque facilement toutes les imperfections d'une représentation quelconque. Cette manière de se créer un style est donc parfaitement insincère. Débrouillez-vous avec votre conscience.

Le style, ce sont des rites sans croyance dans un temple sans divinité.
MARC LE BOT, LE DERNIER TABLEAU, OPUS INTERNATIONAL, ETE 81.

55. Jouez à l'artiste

Les artistes « simulationnistes » s'adonnent au simulacre, c'est-à-dire imitent de manière parodique la production et la présentation d'œuvres d'art ou d'objets ordinaires désignés comme œuvres d'art. McCollum constitue des collections de tableaux monochromes ou de vases en plâtre installés par milliers dans les galeries ou les musées. Philip Taafe réinterprète indistinctement les peintures de Matisse, Newmann, Twombly, Riley. Peter Halley refait du Mondrian, du Stella, du Judd ou du Albers. Et d'autres artistes reproduisent d'autres artistes et ainsi de suite. En effet, nombre d'œuvres sont par nature très simples à reproduire. Cela enlève t-il de l'émotion à celui qui ressent pour elles de l'émotion ? Cela ne crée t-il pas d'autres sens ? Mais on peut aussi s'amuser à reproduire au second degré des croûtes de peintre du dimanche, et aller jusqu'à se faire passer pour un authentique peintre du dimanche.

On peut non seulement imiter des artistes, mais imiter des artistes créant des mouvements artistiques. Par exemple, le mouvement des Parartistes, ou Parasitartistes, qui font travailler les peintres amateurs dans divers ateliers, juste pour voir ce qui se passe quand on déclenche des actions de peindre chez les autres.

Grands artistes, artistes maudits, peintres du dimanche… Et on peut aussi imiter les artistes qui dessinent pour le compte des établissements financiers les billets de banques, les chèques : Michel Journiac en 1970 imagine *le Manifeste du chèque* : il échange des chèques-œuvres de 300F contre leur valeur en espèces.

56. Thèmes bateau (n°3-20, 1993)

Il existe des thèmes bateaux en peinture, mais aussi en poster, etc : clown triste, petits chats, poulbots… Des thèmes plus consistants sont également traités de manière tellement *cliché* qu'ils en deviennent douloureusement mièvres : mère à l'enfant, nus gnangnan. Au fond, n'importe quel sujet peut virer au niais, au vinaigre. Ou au bouleversant.

Pourquoi ne pas regarder, une fois, les clichés en face en vous donnant pour objectif de les faire tous tenir dans un seul tableau, bien serrés comme dans le métro. Le dessin et la couleur devront surtout faire preuve d'*application*, dans le sens *tirer la langue pour bien faire*. C'est-à-dire que vous vous autorisez tout ce qui peut être considéré comme du *mauvais goût*, en sachant bien que le mauvais goût n'est jamais que le goût du milieu social auquel vous n'appartenez pas.

Une variante indispensable de cet exercice et de remplacer les thèmes bateaux ci-dessous par des pratiques bateaux puisées dans d'autres milieux. Par exemple, celui des grandes institutions d'art contemporain.

- Principe de répétition (d'un motif, d'une démarche, d'un objet, de n'importe quoi).
- Porno chic
- Bon mauvais goût au bon second degré.
- Installation fourre-tout dans un décor hyper clean, avec quelques branchements vidéo.
- Format immense (n'importe quoi, mais immense)

57. Dégoût fertile (n°4-61, 1995)

Plus une opinion est étroite, plus elle est, pour nous, importante et ferme, tout comme un soulier étroit se fait mieux sentir qu'un soulier bien adapté au pied.

GOMBROWICZ (1904-1969), *FERDYDURKE*.

En peinture, vous éprouvez des répulsions, ou du moins des indifférences tenaces. Pour une fois, rompez l'indifférence, titillez vos répulsions en dressant la liste objective et la plus complète possible de ces genres de peinture et manières de peindre les plus rebutants selon vous.

Précisez vos dégoûts en cherchant les outils dont vous n'avez jamais eu envie de vous servir, les accords de couleurs qui vous hérissent.

Vous allez mettre à plat d'une manière raisonnée, et une bonne fois pour toutes (au moins pour aujourd'hui) vos rejets en peinture. Pour les exécuter, dans le seul sens de *faire* et non de *tuer*. À la recherche de cette surprise qu'on a parfois à trouver du sens et un certain plaisir délicieusement coupable dans la réalisation de ce qui nous a toujours paru inacceptable. Pour aussi relativiser nos goûts habituels, mesurer l'étroitesse finalement de nos propres normes.

Cet exercice m'a été inspiré par un vieil oncle peintre du dimanche, qui en regardant une émission sur Picasso s'était exclamé : « Quelle – fumisterie - n'importe - qui – pourrait – en - faire – autant ». Il a réalisé une tête « à la Picasso », et à sa propre surprise a créé ainsi un de ses tableaux préférés, aussitôt encadré et mis en bonne place dans son séjour. La peinture n'a pas toujours à voir avec raison, conscience et conviction.

58. Télescopage (n°4-79, 1996)

La simplicité, ça déshabille l'intelligence.

Télescoper (dictionnaire Lexis) : Ling. Opérer la fusion de deux mots, dont l'un au moins est tronqué ou abrégé (Ex : *tripatouiller* est formé de *tri[poter]* et de *pa[touiller]*.

En vous inspirant librement de cette exemple poétique, vous allez faire se télescoper deux phrases, dont l'une aura un rapport avec les beaux-arts, et l'autre pas du tout. Puis il s'agira de concevoir une peinture issue de ce télescopage.

Exemple :

« *Dans une même volonté de dépasser la problématique traditionnelle de la peinture...* »
(BEAUX-ARTS MAGAZINE)

« *Nous pouvons réaliser que c'est le suisse Tony Rominger qui a fait la plus mauvaise opération...* »
(LE COURRIER DE SAONE-ET-LOIRE)

La première phrase ressort du discours critique basique dans certains milieux artistiques. À ce titre, vous pouvez imaginer de commencer votre peinture par un pastiche de procédé conceptuel du genre des rayures de Buren (8,7 cm de large ; n'importe quelle couleur sur fond blanc ; comme la toile à store).

Là-dessus, il est question d'un suisse. À défaut d'être expert en cyclisme (il paraît que Tony Rominger est un cycliste suisse), vous avez le désir de dépasser la prob-trad de la peinture et vous n'ignorez pas, en tant qu'ancien enfant de chœur, qu'un « suisse » est un bedeau en costume d'opérette dont le rôle subalterne rend bien mystérieuse la livrée chamarrée. D'où l'envie d'articuler aux rayures de Buren de lourds motifs décoratifs à base de bicorne et de hallebarde, quelque chose de tape-à-l'œil pour impressionner les âmes simples. Mais il y ce suisse, et *la* Suisse. Sur votre lancée, vous éprouvez le besoin de rester dans les clichés, avec des coffres-forts, des fromages et des alpages, tout un monde cossu, propret et clos. Que votre composition entière soit, à ce stade, bien rangée, bien lourde, bien riche, et toujours Buren calé en-dessous.

Et « *Le suisse Tony Rominger qui a fait la plus mauvaise opération ?* ». Vous ne voyez qu'une manière de ne pas l'oublier : si le tableau n'est pas regardable, il sera signé Tony Rominger. Si, grâce au petit vélo que cet obligeant cycliste (ignorant tout de sa présence ici) vous a mis dans la tête, le résultat vous plaît, vous signerez de votre nom.

Tout cet itinéraire de fantaisie tend à donner l'impression d'une peinture construite et savante : des images / signes (la crosse, la hallebarde) ; une composition sur des rythmes austères, mais à base de fromages et de coffres-forts ; de subtils effets de matière côtoyant un fragment de paysage chromo. Une sévérité d'apparence mais troublée de quelques détails douteux, à la lisière du bon et du mauvais *mauvais-goût*. Quand il se peint et se vit, involontairement, tant de choses arbitraires, insignifiantes ou disgraciées, se risquer à le faire de front et délibérément devient une manière de reprendre le dessus.

Il n'y a pas de secret, il n'y a pas de mystère, il n'y a que la sagesse.
PROVERBE INDIEN.

59. Beau, modeste et anonyme

Voici deux citations :

L'une d'un artiste occidental, Marcel Duchamp, qui a profondément bouleversé la conception occidentale contemporaine de l'art. Pour mémoire, il est l'inventeur du concept de « ready-made » : exposition d'objets non transformés tels que urinoir (intitulé « fontaine »), roue de bicyclette, porte-bouteilles, pelle à neige… Le simple fait de saisir l'objet, qui a finalement une forme, une texture, une matière, et de le signer puis de l'exposer nous pose cette question essentielle : qu'est-ce qui définit, mesure, authentifie le beau, l'art ? Quand nous prenons des objets primitifs en les exposant hors de leur contexte, parce que nous les trouvons beaux, nous agissons comme Duchamp, simplement sans intention ironique ; et peut-être aussi comme nos successeurs qui, dans mille ans, s'émerveilleront d'objets quotidiens auxquels ils trouveront des qualités puisées non dans leur valeur intrinsèque mais dans leur façon de les contempler. Pour finir, Marcel Duchamp considéré comme un pilier de l'art de ce siècle, entouré de sollicitude par de riches américains dont Peggy Guggenheim, a préféré décliner toutes les offres de carrière qui se sont présentées pour se consacrer principalement, aux échecs.

> *Les grands artistes de demain resteront cachés.* (MARCEL DUCHAMP)

La deuxième citation est d'une toute autre origine, puisqu'elle a trait à la philosophie orientale de l'art. Pourtant, par d'autres chemins et d'autres intentions, on se retrouve sur des positions qui se rapprochent : modestie de l'objet, anonymat de l'artiste, dépassement de l'un et de l'autre.

> ANANDA K. COOSMARASWAMI, *conservateur du Département des Arts Indiens du musée de Boston, définit (...) contre le modernisme, une conception métaphysique de l'art dans laquelle l'artiste n'est pas cet individu orgueilleux en quête d'assomption narcissique, mais l'artisan humble pour qui l'art n'a de sens que dans la mesure où il remplit une fonction, qu'elle soit d'ornementation ou d'une révélation d'une vérité supra humaine, les deux ne répugnant pas à s'allier.*

D'APRES GILLES PLAZY, *LES PARADIS PERDUS DE BALTHUS*, BEAUX-ARTS, MAI 1996.

En réfléchissant sur ces deux citations, choisissez un objet ou une image d'objet banal, et réalisez à partir de lui une composition à valeur purement ornementale, sans chercher votre expression, mais avec l'intention d'accorder gratuitement votre attention, vos soins, à la représentation magnifiée de cet objet.

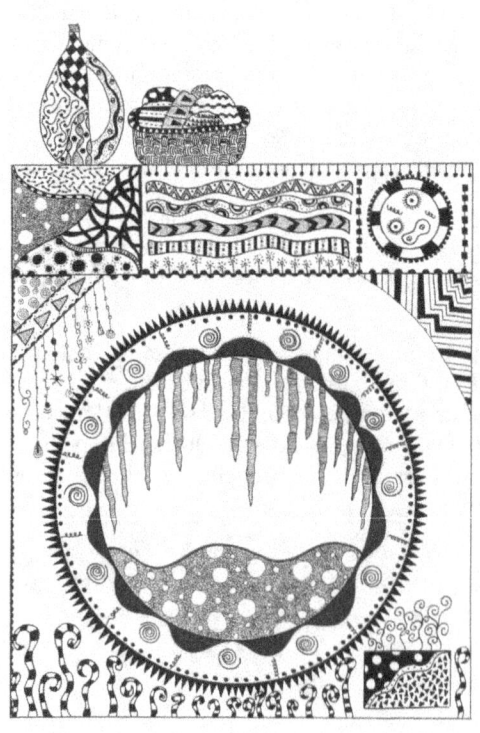
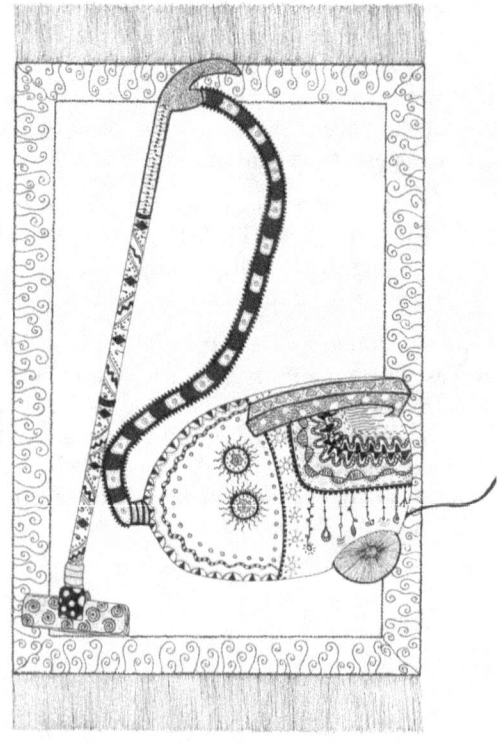

V. Le peintre et les autres

On peint d'abord pour soi, pour son plaisir, mais le regard des autres n'est jamais loin, qu'on le recherche ou, qu'avec raison, on s'en méfie :

> *L'approbation des autres est un stimulant dont il est bon quelquefois de se défier.* (CEZANNE)
> *Le regard du public n'a jamais grandi aucun art.* (EZRA POUND)

Cette influence plus ou moins consciente des autres, due à leur présence sur la même planète que nous à la même époque, contribue cependant à façonner en bien ou en mal notre sensibilité, notre propre regard. Parce que nous avons besoin de communiquer, que ce soit sur un mode bienveillant ou au contraire agressif. Nous ne peignons pas simplement ce que nous voyons, comme un appareil enregistreur, mais ce que nous voulons montrer aux autres, pour leur dire qui nous sommes profondément. Même notre façon de peindre a quelque chose à dire, même nos façons d'exposer nos peintures ou de les cacher.

En mettant en avant notre relation aux autres dans le processus de création de notre peinture, nous contournons les deux écueils symétriques de l'artiste maudit, solitaire et narcissique, et du gentil peintre aux œuvrettes plaisantes et anodines, pour simplement nous agrandir de ce que les autres nous apportent, en s'opposant ou en s'accordant à nous.

60. Aïkido et peinture

L'Aïkido, art martial japonais né en 1925, est codifié par une étiquette que l'on peut transposer à un atelier de peinture. Les propositions ci-dessous sont simplement calquées sur 14 des 27 règles raffinées auxquelles se conforment les pratiquants de cette discipline. Les appliquer permet un apprentissage de la peinture plus serein et mieux maîtrisé :

1. En entrant dans l'atelier, vous devez saluer.
2. Respectez vos instruments de travail. Ils doivent rester propres et en bon état, rangés quand ils ne sont pas utilisés.
3. Ne vous servez jamais de matériel qui ne vous appartient pas.
4. Quelques minutes avant de peindre, vous vous tenez assis à votre place, bien droit, sans rien faire. Ces quelques minutes permettent à votre esprit de faire le vide, de se débarrasser des problèmes de la journée et préparent à l'étude.
5. Le cours commence par la mise en ordre silencieuse des outils et matériaux. Il est essentiel d'être à l'heure pour y participer mais si vous arrivez en retard, vous devez veiller à ne pas perturber le cours en vous installant.
6. Ne quittez pas l'atelier pendant le cours, sauf en cas de malaise.
7. Quand le professeur montre une technique, vous devez regarder attentivement.
8. Si pour une raison ou pour une autre vous devez absolument poser une question au professeur, attendez qu'il soit disponible et appelez-le discrètement.
9. Si vous connaissez une technique, vous pouvez guider une personne qui ne la connaît pas. Mais n'essayez pas de corriger si vous n'avez pas le niveau.
10. Parlez le moins possible, et seulement en rapport avec l'activité pour laquelle chacun est là.
11. Chacun est responsable de la propreté de son espace de travail.
12. Il est interdit de manger, boire, fumer, mastiquer du chewing-gum, téléphoner pendant le cours.
13. Il convient de faire son possible pour respecter l'harmonie de l'atelier pour donner de la plénitude à sa pratique.
14. Ne soyez pas vexé si on vous rappelle une règle, car chacune est importante et a un but éducatif précis.

61. Peinture par téléphone arabe

Choisissez un exercice, réalisez-le, puis communiquez son énoncé par oral à une autre personne pour qu'elle le réalise à son tour. Cette 2ᵉ personne le communiquera de la même manière à une troisième, et ainsi de suite. Après la transmission du sujet au travers de quatre ou cinq personnes, voire plus, demandez au dernier destinataire de l'énoncé de le rédiger, puis comparez les différentes peintures obtenues.

Par l'art seulement nous pouvons sortir de nous, savoir ce que voit un autre de cet univers qui n'est pas le même que le nôtre, et dont les paysages nous seraient aussi inconnus que ceux qu'il peut y avoir sur la lune. Grâce à l'art, au lieu de voir un seul monde, le nôtre, nous le voyons se multiplier.
PATRICK DREVET, LE CORPS DU MONDE.

62. Peinture en tranches

Prenez une image que vous découpez en morceaux égaux, pour les distribuer à plusieurs peintres. Chacun doit interpréter son fragment en l'agrandissant dans la même proportion que les autres. Puis tout le monde se retrouve pour reconstituer l'image dans sa nouvelle dimension. Il n'est pas interdit de faire la fête à l'occasion de cette reconstitution.

63. Peinture, attention, silence

Vous êtes deux, trois, ou jusqu'à douze ou quinze personnes réunies pour peindre. Pendant quatre heures, ou toute une journée, la consigne est monacale : pas un mot ne devra être prononcé. Ce silence extraordinaire, seulement troublé par le bruit des objets que vous utilisez, les bruits de pas, des toux discrètes, les sons du dehors, ce silence intense va modifier votre perception et votre sensibilité et leur donner une acuité inatteignable autrement.

64. Portrait de groupe découpé en morceaux (stage 30/07/93)

Dans un groupe, chacun pose à tour de rôle, mais n'est dessiné que par fragment : on représente d'abord tous les nez, puis tous les intervalles nez – bouche, puis toutes les lèvres supérieures, etc...

Le fait de représenter chaque personne par morceaux permet de regarder avec plus d'acuité chaque visage, sans être entraîné dans une observation relâchée. En examinant chaque nez à la file, puis chaque autre partie du visage, on est amené à saisir la singularité de chaque trait de chaque personne. Et donc la fameuse *ressemblance*. La ressemblance se trouve en découvrant les dissemblances, et les dissemblances apparaissent en favorisant les comparaisons détaillées.

Pour un groupe de 10 personnes faisant l'objet d'autant de portraits en pied, divisez votre feuille en 10 cases verticales, comme s'il s'agissait d'une file d'attente. Cela permet aussi de noter les différences de taille. Découpez ensuite chaque case en huit parties de haut en bas, sachant qu'un corps en moyenne a une hauteur de huit têtes, et que le milieu du corps passe au pubis.

65. Lignes de corps (stage 04/04/00)

Vu de profil : le haut du crâne, l'arrière du crâne, la nuque, les omoplates, la colonne vertébrale jusqu'au bas du dos, l'arrière de la cuisse, le creux du genou, le mollet et le coup de pied.

Cette ligne, et elle seule, vous allez la dessiner 12 fois, d'après 12 personnes différentes, au crayon ou au feutre sur un papier d'esquisse. Chaque ligne sera tracée en 2 mn, et restera une ligne.

Il s'agira ensuite de réaliser une composition en utilisant ces 12 lignes singulières pour évoquer des présences humaines, en restant néanmoins à se stade minimal du trait, même s'il peut être enrichi d'un travail graphique ou matiériste.

66. Cohabitations

Prenez une toile et partagez-la en deux. Réalisez un travail personnel à gauche, puis masquez-le, et confiez à un autre peintre la réalisation d'un travail personnel à droite, qui devra être conçu et exécuté sans connaître la partie voisine. Puis chacun des deux peintres cherchera à réaliser, sur une autre toile, un nouveau tableau tentant de relier ces deux parties.

Dans le même esprit mais en poussant plus loin, réalisation d'une exposition collective sur une seule grande toile dont chacun occupe un fragment.

67. Portrait objet   (stage 1996)

Demandez à une personne de sélectionner 12 objets personnels auxquels elle est personnellement attachée. Puis, en pensant à Arcimboldo, tirez-lui le portrait par l'assemblage de ces objets.

68. Grimaces   (Artistes n°76, 25/06/98)

Vous avez déjà remarqué qu'il est possible, souvent involontairement, de réaliser des portraits photo qui ne sont pas ressemblants. Parce que le procédé photographique, en fixant 1/60e de seconde de la réalité d'une personne, nous donne à voir un état de cette réalité qui, d'habitude, nous échappe. En effet, notre cerveau fait le tri dans ce que lui envoie la rétine et, avec bienveillance sans doute, élimine ces grimaçantes expressions qui traversent fugitivement notre visage à tout moment de la journée. Mais puisque le rôle de l'artiste est justement de voir et de révéler ce que les autres ne voient pas, vous pouvez imaginer de collectionner ce genre de photos « ratées », pour en livrer vos interprétations picturales.

69. Peinture commandée   (stage jeudi 6 avril 2000)

Tu sais ce que Thomas Bernhard dit de ceux qu'il appelle les « Maîtres anciens » ? Selon lui, tous les peintres dont l'histoire a gardé le nom n'ont pas peint ce qu'ils auraient dû peindre, mais uniquement ce qu'on leur a commandé, ou bien ce qui leur rapportait de l'argent, la gloire. Ils auraient ainsi tous trouvé un maître, jamais eux-mêmes, c'est-à-dire l'humanité.

Pierre-Jean Remy, *Aria di Roma*.

Soit un groupe de 12 personnes. Chacune va peindre ce que les autres vont lui demander, en suivant la règle de fonctionnement suivante :

Chacune sera responsable d'une donnée, et respectera les données proposées par les autres ;
Chacune sera libre de définir l'importance accordée à chaque donnée proposée.

1. indication d'une figure
2. choix d'un objet
3. choix d'une hiérarchie entre figure et objet
4. délimitation d'un espace vacant
5. choix aléatoire d'un fragment de texte
6. choix d'un accord de couleur dominant
7. choix d'un traitement de surface pour l'espace vacant
8. choix d'un mode d'utilisation du texte dans l'image
9. choix d'un effet de texture pour le fond
10. choix d'un format
11. choix d'une hiérarchie des couleurs proposées
12. choix d'un mode de construction.

70. Peinture avec générique   (Variante du sujet précédent, stage vendredi 14 juillet 2000)

Chaque participant au stage, *après avoir regardé les peintures produites par les autres personnes présentes*, passe commande à chacun d'une donnée particulière (*susceptible d'être négociée*) puisée dans la liste ci-dessous :

1. Citation poétique, littéraire ou philosophique pour cristalliser le sujet.
2. Format.
3. Moyens autorisés (peinture seule ; ou avec collage papiers ; collage matériaux/objets ; collages images ; mortiers).
4. Outils.
5. Mode de composition (plein, vide ; statique, dynamique ; cadré, à fond perdu…)
6. Première gamme de couleurs et sa proportion dans la composition.
7. Deuxième gamme de couleurs.
8. Niveau de représentation (abstraction, figuration, signe).
9. Premier artiste de référence.
10. Deuxième artiste de référence.
11. Mouvement artistique de référence (réel ou imaginaire).
12. Titre de l'œuvre.

(Le nombre de données a été ici dépendant du nombre de participants au stage.)

Cet exercice a pour but de susciter des échanges entre peintres : celui qui regarde une peinture pour en déduire une demande, et celui qui répond à cette demande. Le regard de chacun sur le travail de l'autre s'en trouve enrichi.

En rendant inhabituelle la formulation d'un travail de commande, morcelée comme elle l'est ici en douze « donneurs d'ordre », cet exercice permet aussi à chaque demandeur d'accorder sa sensibilité à celle du peintre auquel il passe commande, et à celle des autres intervenants. Chaque peintre ensuite est amené à faire une synthèse de tous les souhaits émis pour produire sa peinture. Le résultat est une œuvre qui procède de sa personnalité, dans sa relation avec celle des autres.

Autre conséquence de cette démarche : chacun n'est pas seulement intéressé par *sa* peinture, mais aussi par ce qui se passe dans celle des autres, à partir de l'interprétation ou de l'usage de la donnée qu'il a fournie.

Ni collective, ni individuelle, cette forme de peinture permet de découvrir ce qu'on peut exprimer quand on accepte méthodiquement, mais avec de la distance, d'explorer les possibilités de libération de soi que procure un travail de commande. Et comme un film, l'œuvre aura son réalisateur, mais sera signée par un générique où figurera chaque participant.

71. Pour peindre, s'il vous plaît

Imaginez que vous ne possédez rien d'autre que du papier, ou de la toile ou du bois, avec de la colle. Mais ni pinceaux, ni peintures. Tout ce qui est forme et couleur, vous devez le solliciter autour de vous. « S'il vous plaît, un peu de formes et de couleurs, pour peindre ». Pratiquement, les surfaces que vous voulez composer ne sont donc nourries que par ce qu'on vous apporte : traces de couleur, collages de papiers ou de matériaux.

Voilà. Vous êtes dépendant des autres, mais ce n'est pas une raison pour accepter tout et n'importe quoi. N'acceptez que des interventions sous la forme de fragments à coller, s'inscrivant dans un format vertical de 4 X 6 cm, avec peu ou pas d'épaisseur, de façon à ce qu'aucune ne prenne plus d'importance que l'autre. Et aussi pour obtenir un effet rythmique très régulier qui compensera l'hétérogénéité de ce que vous récolterez.

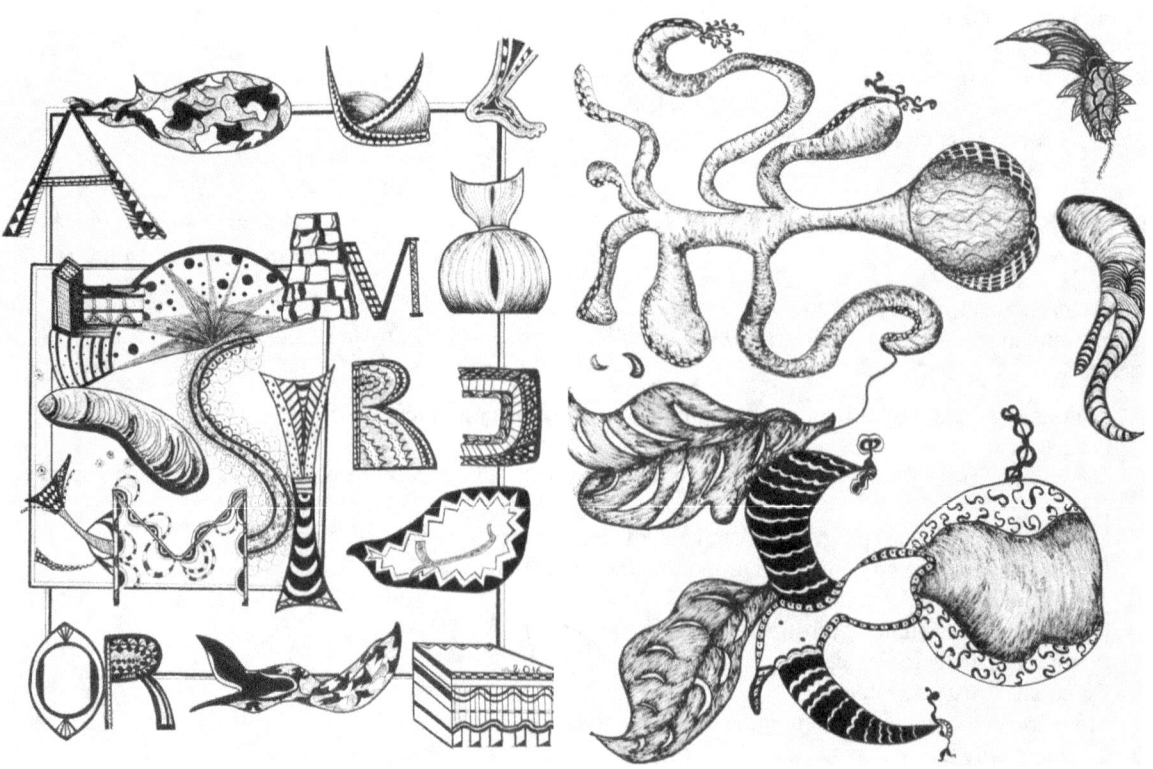

VI. Le peintre et le réel

La réalité ne peut être franchie que soulevée.
RENE CHAR

La sagesse populaire a maintes fois exprimé l'importance de l'imagination pour la santé même de l'individu, pour l'équilibre et la richesse de sa vie intérieure (...) Avoir de l'imagination, c'est voir le monde dans sa totalité ; car c'est le pouvoir et la mission des images de montrer tout ce qui demeure réfractaire au concept.
MIRCEA ELIADE

Le réel, pour le peintre que vous êtes ou voulez devenir, vous ne le percevez pas qu'avec vos yeux. Il sollicite tous vos sens jusqu'au 6e, plus le hasard, ce qui vous mène toujours plus loin que vous croyez.

Votre toile à peindre est réelle, vos pigments sont réels. La lumière qui transforme un pigment rouge en noir est réelle. Le temps qui transforme toutes choses, et jusqu'à vos perceptions et vos goûts est réel. Le hasard est réel, la chaise où vous êtes assis aussi. Écrivez le mot *réel* un millier de fois sur une toile, et cette toile existera réellement puis le mot *réel*, usé comme un vieux chewing-gum, changera de réalité.

Les textes et les exercices qui suivent vous emmènent ainsi sur les faces cachées, et escarpées, du réel, pour vous inviter à les peindre sur le motif. Ces faces inexplorées appartiennent autant au réel qu'à vous qui les regardez. Vous seul, avec votre tempérament, votre sensibilité, votre histoire personnelle détenez forcément un point de vue inaccessible aux autres, qui seront peut-être bien étonnés quand vous leur montrerez.

VI.a - Façons de voir

Le visible ouvre nos regards sur l'invisible.
ANAXAGORE (500-428 AV. J.-C.)

72. L'alphabet des formes (Artistes n°85, 13/03/00)

«Les ramifications d'un arbre ressemblent à celle des artères ou d'une rivière... Les cristaux ressemblent à des bulles de savon et aux plaques d'une carapace de tortue... Les spirales des crosses de fougères et celles des galaxies ressemblent aux tourbillons d'une baignoire qui se vide... Serpents, rivières et boucles de ficelles ondulent de la même façon... Craquelures de la boue et dessins d'une girafe se disposent comme font les bulles de l'écume... » (d'après Peter S. Stevens, *Les formes dans la nature,* Seuil 1978). Dans la nature, et du fait des propriétés physiques de l'espace dans lequel nous nous mouvons, les formes visibles sont toujours le fruit d'une combinaison d'un nombre *limité* d'éléments, quelle que soit l'apparente diversité de ces formes : spirales, méandres, ramifications, pentagones, raccords à 120°... sont ainsi, pour les fleurs comme pour tout objet ou phénomène physique, l'alphabet de base qui sert à écrire et décrire tant leur contour, que leur texture ou leur développement. Pour peindre en sachant cela, essayez quand vous observez une fleur, de relever dans son apparence tous ces éléments « alphabétiques » dont l'assemblage produit la forme finale... comme un enfant apprenant l'alphabet arrive à repérer à l'intérieur des mots les lettres qu'il a apprises. Votre regard ainsi renouvelé sur ce motif si familier de la fleur, comme sur tout autre phénomène naturel, ne manquera pas de singulariser votre dessin et votre façon de composer.

73. Voir de haut (n°4-76, vers 1996)

Laissez-moi chanter les œuvres des hommes, et que chacun retrouve dans mes vers ces choses qui lui sont connues, comme de haut on a plaisir à reconnaître sa maison, et la gare, et la mairie, et ce bonhomme avec son chapeau de paille. Mais l'espace autour de soi est immense ! Car à quoi sert l'écrivain, si ce n'est à tenir des comptes ? Que ce soit les siens, ou d'un magasin de chaussures, ou de l'humanité toute entière.

PAUL CLAUDEL, 4^E ODE « LA MUSE QUI EST LA GRACE ».

Cellule de moine ou villa hollywoodienne ? Atelier sauvagement encombré, ou boudoir cosy ? Gentilhommière en Touraine ? Jardin labyrinthe ? Quel est le lieu idéal où vous aimeriez vous installer pour passer quelques temps ? Maintenant.

Parce que, *maintenant,* c'est possible si vous le concevez, ce lieu, en peinture. C'est plus facile qu'en vrai : moins de frais, moins de soucis, et plus de pur plaisir.

Du moment que vous n'envisagez pas de représenter votre lieu idéal sous la forme d'une carte postale pour publicité immobilière, voici des clés pour entrer dedans avec crayons, pinceaux, couleurs.

Ce lieu, vous allez le figurer en mêlant l'idée de la carte aérienne et du plan en projection horizontale sans toit. En conciliant l'aspect géométrique et abstrait de la carte, l'aspect matière et couleur de la vue, avec la liberté d'ajouter telle petite note picturale sans avoir besoin de la justifier.

Pratiquement, par où commencer ? D'abord, trouvez le terrain. Sur votre papier ou votre toile, préparez un fond informel avec les techniques de relief et de collage que vous connaissez, quelques couleurs avec lesquelles vous avez envie de faire un bout de chemin. Ce fond tiendra de la friche, ou bien de la terre vierge, selon votre tempérament. Au vu de ce terrain, vous allez méditer quelques temps : – C'est moi qui aie fait ça ? Mais comment m'installer là ? Que construire ? A quelle échelle ?

Plusieurs manières d'évoluer sont possibles. Le moine cherchera à faire le vide, à simplifier de plus en plus sa composition. Le happy few élaborera un plan grandiose et scintillant avec mille détails à consommer du regard. Le gentleman-farmer bâtira des formes sobres, chaudes et régulières, avec le respect sourcilleux de la configuration du terrain. Un aventurier commencera par se dessiner l'emplacement d'une petite cabane d'où sa composition rayonnera au gré des besoins : un potager, un enclos pour les cochons sauvages…

Le choix des outils (brosses rudes ou pinceaux délicats, adhésifs tranchants ou caches rustiques…) induira un certain type de forme, de climat. Et aussi la durée dans laquelle vous installerez votre action de peindre (lenteur paisible ? efficacité ?…)

Au final, votre peinture évoquera un *lieu*, à mi-chemin de l'abstraction et de la réalité sensible, réalité *vue de haut* dans les deux sens du terme.

74. Couples
(stage mardi 11 juillet 2000)

Choisissez 2 objets ou matériaux modestes, par exemple un morceau de cageot associé à une feuille de salade. À partir de ces 2 objets, vous allez travailler simultanément 2 compositions :

- La 1ère sera un simple collage, mais soigné et rehaussé de peinture, des 2 objets choisis.
- La 2e sera la transposition dessinée et peinte de ce collage.

Les objets choisis devront être adaptés à la possibilité de tenir accrochés sur une feuille de Canson. Ils devront avoir une relation de couple : complémentarité ou opposition, imbrication, intrication ou appui de l'un sur l'autre. Vous éviterez une simple juxtaposition. Les objets formeront un couple, et les deux compositions seront un autre couple. Pour traiter ce sujet, une incise à méditer :

Soumettre le matériau. Ne pas se soumettre à lui.

75. L'apparence de l'importance

> *Et il est facile également de couper l'accès aux couches les plus profondes de l'esprit du lecteur qui a besoin de la répétition, de la logique apparemment obscure et de la poésie pour se connaître lui-même.*
> RICHARD BAKER
> INTRODUCTION A *ESPRIT ZEN, ESPRIT NEUF* DE SHUNRYU SUZUKI.

Des bouts de papiers de différentes textures, tachés ou non de peinture, des bouts d'images, des petits débris de gomme, de crayon, des bouts de ficelle… Chaque fragment de papier ou de matière sera d'abord collé au hasard d'une composition, comme des miettes de travail sur une table en désordre, puis reproduit en trompe-l'œil – texture, taches, fragments d'images et d'objets – au sein de la même composition.

Vous aurez ainsi à la fois des formes et des couleurs constituées d'éléments aléatoires, peu signifiants, et pourtant figurant tous en double, une fois en vrai, une fois en imitation. Le processus d'imitation, même avec une technique approximative, est accessible, car il ne s'agit pas de reproduire des formes connues et typées comme dans le trompe-l'œil traditionnel, mais des formes indéfinies, quitte parfois à modifier le modèle pour le faire ressembler à son imitation.

En associant la pauvreté du sujet au soin apporté à sa duplication, vous donnez l'apparence de la permanence, de la solidité, aux petites choses les plus humbles. Ce jeu sur les apparences, vous découvrirez alors qu'on le pratique souvent pour conférer de l'importance à ce qui en a peu. S'y adonner en peinture est moins fâcheux, et plus poétique.

Variation possible : choisir un seul objet, mince et modeste, pouvant être enchâssé dans une couche de mortier et peint. Puis le reproduire en modelage, les deux formes semblables étant présentées côte à côte comme dans une vitrine de musée. Matière et couleur seront travaillées dans un esprit raffiné pour simuler l'aspect d'un objet précieux, objet de culte, objet rituel.

76. Trois échelles du réel (Artistes n°74, 27/04/98)

Dans un endroit où vous vous sentez bien, essayez de traduire par le moyen d'un dessin d'observation au trait, attentif et minutieux, trois niveaux de la réalité qui vous environne : une chose minuscule – bout de mousse sur une pierre, détail d'une brindille ; une représentation classique de votre champ de vision normal ; un plan imaginé du lieu où vous êtes, traité à l'échelle d'une carte de randonneur. Interprétez ces trois sujets dans trois formats identiques, en vous attachant à garder le même style de dessin. Et cherchez moins la ressemblance de chaque dessin par rapport à son sujet que leur ressemblance entre eux.

77. Le style supermarché (n°3-26, 1993)

Les pubs de supermarché sont souvent composées dans le même style : sur un fond blanc, des alignements d'objets nets, précis, brillants.

Saisissez-vous de l'une de ces pubs. Découpez des fragments d'objets pour en reconstituer de nouveaux par assemblage d'un morceau de l'un, un morceau de l'autre, etc... Par exemple, un flacon de shampooing + une boîte de petits pois + un téléviseur + une culotte.

Puis dessinez et peignez d'après ces assemblages, en remplaçant ce style net, précis et brillant par un traitement pictural plus nuancé, tout en gardant la même composition par alignement. Remplacez la mention des prix souvent écrits en gros et en surimpression par un mot personnel, et les descriptifs par de petits poèmes.

Vous aurez réussi à manipuler un objet visuel typique de notre époque pour transformer le banal et le racoleur en poésie.

78. La mine de la boîte aux lettres (Artistes n°71, 01/98)

Pour surprendre un beau matin votre sensibilité d'artiste, imaginez cette situation affolante : vous avez une très vive envie de peindre, et pas de peinture ! Pas de peinture, peut-être mais relevez votre boîte aux lettres et regardez tous ces prospectus : en voilà des couleurs ! Mais comment s'en servir ?

Découpez tous ces imprimés bariolés en adoptant un système : morceaux de papier de 3 x 3 cm classés par teintes. Par ailleurs, choisissez une image, photo ou reproduction de tableau que vous avez envie d'interpréter, et quadrillez-la en carreaux de 1cm de côté. Reportez au crayon le même nombre de carreaux, agrandis, sur un support papier assez rigide. Puis, en puisant dans vos découpages soigneusement triés, collez carreau par carreau en choisissant les nuances adaptées. La dimension des carreaux peut être modulée selon la finesse des rendus que vous souhaitez obtenir. En définitive, c'est la mosaïque que vous réinventez, en exploitant une mine inépuisable et gratuite située à votre porte : votre boîte aux lettres !

79. Les premiers seront les derniers (stage 18/07/94)

Commencez par établir par écrit une liste des 10 premières choses que vous observez dans la pièce où vous vous trouvez.

Puis dessinez cette pièce, en omettant de représenter ces 10 choses que vous avez notées.

80. Lumière rare et précieuse (Artistes n°70, 11/97)

Nous avons tous, à un moment ou un autre, envie de quitter le plein jour, l'action, pour nous retrouver à l'écart du bruit et de la foule, au calme dans une ombre bienfaisante. Et, après avoir posé notre sac, fermé les yeux, repris notre respiration, il vient un moment où nous regardons dans le vague, dans la pénombre, et des choses douces, discrètes paisibles apparaissent. Faites cette expérience alors de dessiner, de peindre chez vous dans la quasi obscurité, d'aller à la recherche de toute ce que le soleil de la journée ou les lampes du soir négligent, les formes vagues et peu contrastées qui se mêlent indistinctement, les nuances à peine sensible de gris, de noirs colorés. La lumière est là aussi, finalement plus précieuse parce que rare, et dans sa discrétion illumine autrement votre intérieur, votre façon de la voir et de le représenter.

81. Trou de serrure *(Ma)* (n°4-60, 1995)

MA : mot japonais signifiant à peu près : capacité à sentir l'intervalle qui sépare le sujet du monde.

Vous vous trouvez à l'intérieur d'une pièce, avec beaucoup d'objets, de meubles, peut-être des personnes. Vous allez, avant de la dessiner, commencer par un découpage : dans une feuille de papier, fabriquez un trou de serrure. Puis installez-vous commodément pour dessiner ce que vous distinguez au travers de cette mince ouverture. Le mieux serait même de vous bâtir une cabane en carton pour vous isoler dedans, avec juste ce petit trou pour observer votre sujet.

Afin de maintenir un cadrage égal, marquez de traits fins les rebords de votre découpage, que vous faites coïncider avec des points de repère dans le sujet à traiter. Ce procédé s'inspire de celui du cadre quadrillé derrière lequel se plaçaient les artistes de la Renaissance pour mieux mettre en page leur sujet, et en saisir perspective et proportions.

Mais ici, ce tour technique supporte une restriction drastique de format. Derrière les trois centimètres carrés d'ouverture où vous collez votre œil, le réel n'a plus le même sens, ni la même saveur. Qu'allez-vous ressentir ? La sensation phobique des limites de la vision, ou le sentiment de l'indiscrétion ? Sans un mot, votre peinture ira chercher la réponse.

82. L'œil et l'esprit (Artistes n°88, 18/09/00)

Le surréel est la réalité qui n'a pas été séparée de son mystère.
MAGRITTE (1898-1967).

Machine à écrire, téléphone, robinet, fer à repasser : tels sont les sujets du peintre Konrad Klapheck. Objets utiles, pratiques, sans caractère particulier. Et pourtant avec lui, ils sont peints d'une manière « dure et précise » qui leur confère soudain une intensité dramatique et distanciée. Un autre peintre, Philippe Cognée, n'hésite pas à représenter de toile en toile un lave-linge, un lave-vaisselle, un réfrigérateur, peints de face en emplissant totalement l'espace de la toile, objets superlativement banals et ironiquement représentés à la lisière de l'abstraction la plus totale d'un monochrome blanc. Si les objets vous fascinent, pensez à ces peintres-là qui ont su, par la rigueur de leur façon de peindre, non seulement tromper l'œil mais aussi l'esprit du spectateur, en rendant surprenantes, voire dérangeantes, les choses les plus familières qui soient.

83. Patate de méditation (Artistes n°88, 18/09/00)

Le peintre Henri Cueco a passé beaucoup de temps à représenter des pommes de terre, toutes sortes de pommes de terre, s'attachant à respecter le détail des peaux, des creux, des bosses de chaque tubercule. Autant de soin et d'attention à éplucher des yeux d'aussi modestes produits de la nature, voilà qui constitue une excellente leçon de peinture. Plus le sujet est retenu, plus il compte sur la peinture et le peintre pour devenir intéressant. Et à ce stade, la virtuosité technique n'est pas la plus importante : une pomme de terre n'est pas un sujet ardu en soi, mais l'obstination respectueuse à en rendre compte avec des traits et des couleurs nous fait passer magiquement de « patate » à « objet de méditation ». Que demander de plus à l'art ?

Par le moyen et l'effet de la couleur, on peut donner de l'intérêt aux choses les plus vulgaires et faire un chef-d'œuvre avec un pot et des fruits.
CHARDIN (1699-1779)

84. Anatomie et botanique (Artistes n°85, 13/03/00)

Ouvrez votre dictionnaire au mot *fleur* et penchez-vous quelque peu sur la définition proposée : « un bouton clos qui ne laisse voir que les sépales... les sépales s'écartent et se disposent en calice... une colonne surmontée d'un ou plusieurs stigmates... une ou deux couronnes d'étamines, mâles, entourent la partie supérieure de l'organe femelle, pistil... » Puis regardez le fleur que vous voulez peindre en ne considérant pas que sa forme, mais pourquoi sa forme est ainsi. De même que l'étude de l'anatomie permet de progresser dans le dessin de nu, un peu de botanique affûtera votre regard pour peindre chaque fleur que vous rencontrerez.

85. Vie de fourmi (n°3-47, Artistes n°77, 1994)

Est-ce que tu peux savoir, par exemple, de quelle façon la fourmi envisage le monde ?
JEAN GIONO, ENTRETIENS AVEC JEAN CARRIERE.

Imaginez une fourmi qui se promène devant vous, devant vos petites affaires. Comment les voit-elle ? Elle chemine au ras du sol et les moindres brimborions deviennent de lourdes et menaçantes constructions. Il plane constamment sur ses chétives mais énergiques épaules la menace d'une pesante semelle ou d'un doigt dégoûté pour l'écraser. Quelle vie ! Et pourtant, elle ne se décourage pas, s'agite fébrilement, avance, recule, escalade, redescend, se risque dans une faille obscure, ressort, renifle un brin de ceci, attrape un brin de cela. Et recommence. Avec cela, la perspective de rentrer à la fourmilière dans la bousculade aveugle de ses congénères.

Cette petite mise en situation, vous pouvez la transposer en peinture : imaginez de décrire des objets familiers de ce point de vue de la fourmi, en modulant cadrage, couleurs et valeurs pour évoquer une ambiance dramatique. Vous pouvez aussi concevoir des graphismes agités pour exprimer des mouvements fébriles, tantôt erratiques, tantôt répétitifs. Et chercher encore toutes sortes de corrélations entre cette vie de fourmi et des jeux de compositions, de matières, de formes.

Le seul risque de cet exercice de peinture : ne plus oser poser le pied par terre, de peur d'écraser une innocente petite bête dont vous aurez si bien compris les affres.

86. Transformation fidèle (Artistes n°88, 18/09/00)

Téléphone, lave-vaisselle, pommes de terre… Mais aussi reflets dans les vitrines ou sur des pare-chocs chromés, pierres tombales de Jean-Olivier Hucleux, boîtes de soupe d'Andy Warhol, et ouvre-boîte géant de Claes Oldenburg. La représentation pure et simple des objets ou de l'image des objets se retrouve à foison dans l'art contemporain, et dans ce cas le choix des artistes se porte sur la banalité, voire la trivialité des choses, ou l'insistance mise sur la représentation de ce qu'on préfère ne pas voir, ou oublier. Qui a envie d'avoir chez lui la reproduction minutieuse à l'huile sur toile, au format de 200 X 300 cm, de la tombe ordinaire d'un défunt anonyme, couverte de fleurs et d'ex-voto ? Qui envisage d'accrocher un lave-linge au dessus du canapé dans son séjour ? Qui souhaite remplir sa chambre à coucher de pommes de terre ? Pas le commun des mortels, d'autant que le prix de ces œuvres dépasse souvent celui des appartements du commun des mortels en question. Et pourtant ces peintures sont fascinantes et méritent qu'on s'y attache, car elles transforment le réel, simplement en le reproduisant le plus fidèlement possible. Comme l'écrivait Pascal : *« étrange art que la peinture qui nous fait nous émerveiller de la reproduction de choses dont l'original est dépourvu d'intérêt. »*

87. Trompe-l'œil contemporain (Artistes n°88, 18/09/00)

Ces artistes dont il est question ci-dessus nous donnent une leçon. Pour qui s'intéresse aujourd'hui au trompe-l'œil, mieux vaut choisir de représenter des objets caractéristiques de notre temps, plutôt que d'imiter des trompe-l'œil d'époques antérieures. « Imiter des imitations » finit par produire une perte de sens, tandis que s'intéresser à notre réel contemporain nous apporte quelques lumières (et des plaisirs !) dans ce sujet toujours brûlant de notre position, quand on est peintre, entre le réel et sa représentation.

88. Nature morte en mouvement

Installez vos objets traditionnels – pichet, compotier, bouteille…– sur un plateau tournant, et dessinez-les inlassablement sous différents angles, en superposant les lignes sur le même dessin. N'avez-vous jamais entendu parler de l'*impermanence* de toutes choses ?

89. Le réel pris en faute (stage 31/07/98)

Quadrillez légèrement en carreaux de 1 cm, un petit rectangle de papier de 10 X 13 cm. Puis dessinez dessus un fragment de réalité complexe en allant jusqu'à l'épuisement des formes observables – contours, textures, ombres, reflets –, en les ramenant toutes sur le même plan, sans jamais rien effacer de vos erreurs éventuelles mais en les corrigeant par rajouts et superpositions.

Puis reportez précisément sur votre feuille de Canson format 50 X 65 cm ce dessin au moyen d'une mise au carreau. Peignez ensuite en observant rigoureusement les couleurs visibles, tout en acceptant les erreurs de chevauchement dans le dessin.

Il s'agit dans cet exercice d'accentuer le 1er degré du visible au moyen d'une observation qui ramène tout au premier plan (contours, textures, ombres, reflets), les erreurs y comprises. La vue, rien que la vue, toute la vue… Plus les fautes d'exécution, à considérer objectivement comme un des aspects du réel !

90. Couleur élue

Le réel, à bien y regarder, est souvent étouffe-chrétien. Trop de choses à voir, à sentir, à éprouver. C'est comme une salade composée avec plein d'ingrédients dans lesquels on voudrait pouvoir faire le tri. Juste une petite idée pour améliorer ça, obtenir une réalité plus *light*. Après avoir choisi un sujet à observer, décidez de ne dessiner que ce qui apparaît dans une couleur donnée. Cependant, si devant un paysage de forêt vous décidez de ne voir que les formes de couleur rouge, vous risquez de n'avoir plus grand chose à regarder. Préférez donc un sujet plus polychrome, par exemple une place animée dans une ville. Pour faciliter le tri dans votre observation, vous pouvez aussi partir d'une photo.

Autre manière de trier dans le réel : vous ne dessinez que les objets qui pèsent moins de 1 kg, que les objets non vivants… Les critères de tri (d'exclusion ?) ne manquent pas.

91. Respect décalé

Devant un sujet aux formes construites, - intérieur d'un appartement, vue urbaine—, modifiez les proportions de certains éléments, déplacez-en d'autres. Mélangez le respect du réel et des effets de décalage.

92. Chaos, réel et réalisme

Choisissez trois images, une image de personnage, une image de lieu, une image d'objet, pour les réunir dans une même composition. Mais choisissez-les dans des univers et dans des styles différents.

- Personnage : Mickey
- Lieu : l'église d'Auvers-sur-Oise peinte par Van Gogh
- Objet : une photo d'autobus.

Dessin, peinture, photo ; univers du divertissement, du spirituel, du fonctionnel. Le chaos des sensations et des informations que nous recevons à chaque instant pourrait être représenté avec réalisme dans le rassemblement strictement reproduit de ces trois éléments dans une même œuvre.

93. Punir le banal (n°4-81, vers 1996)

Il ne s'agit pas d'être original à tout prix, c'est la banalité au contraire qui est la matière première de l'art.
LAURENT DANCHIN, *L'ART CONTEMPORAIN, ET APRES…*

Avec leur discrétion suspecte, les objets familiers prennent de la place, nous encombrent, sans même qu'on prenne conscience de leur présence. Il est temps de réagir. Repérez par surprise autour de vous trois de ces choses banales qui squattent votre rétine, et saisissez-les dans la poigne de votre entendement. Qu'allez-vous en faire.

- Vous allez faire cohabiter ces trois objets choisis sans lien entre eux.
- Vous allez leur imposer un format inhabituel pour les mettre en page (allongé, ou rond, ou pentagonal, ou en plusieurs parties…)
- Vous allez les placer à plat, calés les uns par les autres, hors de leur environnement dissimulateur.
- Vous allez manipuler leurs dimensions relatives (petits objets devenant grands et vice-versa…)
- Vous allez mélanger différents niveaux de représentation : par exemple des dessins schématiques de l'ordre du signe, d'autres traités avec effets de volume et de lumière.

Votre action punitive contre la banalité du réel sera conduite sans méchanceté gratuite, dans un souci d'honnêteté formaliste.

94. Faux miroir

Dans un appartement, pour décorer un mur, représentez la vue du mur d'en face comme s'il s'agissait de son reflet. Le plus troublant dans ce faux effet de miroir, c'est que vous n'apparaîtrez pas dans le reflet, et ainsi vous pourrez douter de votre existence, ce qui constitue une expérience rare !

95. Peindre par ouï-dire

Installez-vous dans un lieu donné, assez riche en formes de toutes sortes : une pièce de votre appartement, une place publique… Puis retirez-vous et notez par écrit ce que vous avez vu. Puis peignez, ou faites peindre d'après ce témoignage.

96. Les connaissances bénévoles (n°3-91, 1997)

« Dans les pages lointaines de certaine encyclopédie chinoise intitulée *Le marché céleste des connaissances bénévoles*, il est écrit que les animaux se divisent en A/ appartenant à l'empereur, B/ embaumés C/ apprivoisés D/ cochons de lait E/ sirènes F/ fabuleux G/ chiens en liberté H/ inclus dans la présente classification I/ qui s'agitent comme des fous J/ innombrables K/ dessinés avec un très fin pinceau de poils de chameaux L/ et cætera… M/ qui viennent de casser la cruche N/ qui de loin semblent des mouches. »

En lisant cette citation extraites des *Enquêtes* de J.-L. Borges, imaginez, transposée dans le domaine du carnet de croquis de l'artiste en voyage, cette mise en ordre (mise en désordre) du réel. Sur le thème du paysage, vous aurez ainsi le paysage tracé sur le sable à marée basse ; le paysage dont on vous a parlé mais que vous n'avez pas vu ; le paysage dessiné en fermant les yeux ; le paysage que perçoit la fourmi qui passe devant votre pied… Rien de tel que de laisser trotter vos idées dans la tête quand vous faites vraiment du paysage, pour aller un tout petit peu plus loin que là où vos yeux vous portent.

97. Liste à virus poétique (n°3-103, 1997)

Soit une pièce où vous vivez habituellement. Donnez-vous pour objectif de dresser une liste de dix objets ou formes contenus dans cette pièce, en mettant sur le même plan différent niveau du réel. Exemple de liste :

La fenêtre
le motif du papier-peint
un livre
une poignée de porte
un vêtement
une image sur un magazine
un texte
un mouton de poussière
une ombre portée
le plan de la pièce…

Chacun des termes de cette liste, d'une hétérogénéité appuyée, fera ensuite l'objet d'une réalisation plastique strictement normalisée. Par exemple, format 20 X 30 cm, vertical, même graphisme, même gamme de couleurs et de matières, mêmes procédés techniques.

La description d'un lieu quotidien, une présentation normalisée, tout devrait mener à quelque chose de raisonnable et ennuyeux. Sauf que d'aimables virus poétiques et picturaux vont se charger de mettre un peu de fièvre dans cette série de compositions.

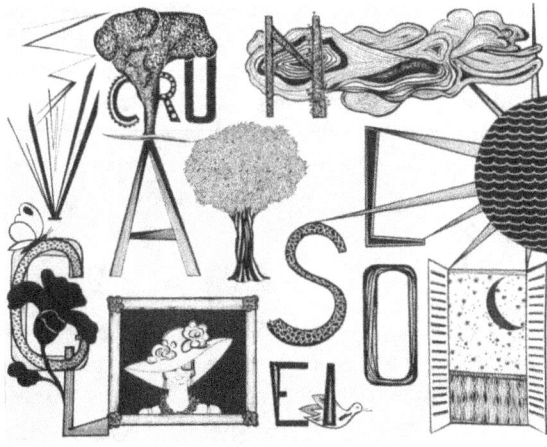
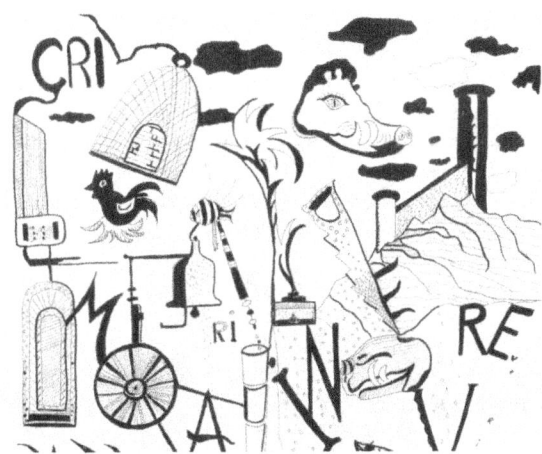

VI. b - Façons de faire

Les gestes qui sauvent

Les gestes qui sauvent... qui vous sauvent des dessins trop prévisibles. Voici quelques propositions de manipulations de la relation entre votre main, votre œil et la réalité (propositions qui se rajoutent à celles déjà publiées dans *PEINDRE EN LIBERTE* n°1.)

98. Avoir l'œil sur ses gestes (juin 2001)

Sur le même motif, par exemple un nu, dessinez-le une première fois en ne bougeant que le poignet. Une seconde fois en bougeant le poignet plus le coude. Puis poignet, coude, épaule. Pour mobiliser votre attention sur vos gestes et pas seulement sur votre vision.

99. Dessin dansant (juin 2001)

Fixez un crayon, mine en l'air, quelque part. Puis tracez un dessin au moyen de ce crayon fixe en faisant bouger devant votre papier, fixé sur un support rigide. Après tout, pourquoi ce serait toujours au crayon de s'agiter sur la feuille, et pourquoi la feuille ne pourrait-elle pas danser non plus. Vous pouvez remplacer le mot crayon par *homme,* et le mot feuille par *femme*. Dans l'étape suivante, un homme (ou une femme) produit des mouvements dansants avec un crayon sur une feuille qu'une femme (ou un homme) manipule également. Les deux mouvements de la feuille et du crayon produisent en se rencontrant un dessin dansant. Ils se marièrent et eurent beaucoup d'enfants.

100. Parité gauche - droite (juin 2001)

Quand vous dessinez sur le motif, vous regardez avec vos deux yeux. Mais vous ne dessinez qu'avec une seule main. Est-ce normal ? Est-ce juste ? Pour remédier à cette insupportable inégalité, vous allez réaliser un dessin en dessinant simultanément avec chaque main. En plus de favoriser la parité main gauche – main droite, vous produirez deux fois plus de dessins et gagnerez d'autant en productivité.

101. Faces faciles (stage 1995)

Collectionnez des photos de faces, d'yeux, de nez, de bouches, d'oreilles, etc... Confectionnez des masques par assemblages, puis peignez d'après ces collages, ou directement dessus.

102. Beauté cachée (n°3-88, 1996)

Ce qui n'est pas légèrement difforme a l'air insensible, d'où il suit que l'irrégularité, c'est-à-dire l'inattendu, la surprise, l'étonnement sont une caractéristique essentielle de la beauté.
BAUDELAIRE (1821-1867).

La plupart des banlieues sont des chaos urbanistiques remplis de signes : panneaux routiers, marquages au sol, logos, tags... Ce chaos, proposez-vous de vous en servir pour composer une peinture géométrique et sensible. Relevez-les, tous ces signes, mais ne gardez qu'eux en oubliant le désordre dans lequel ils s'inscrivent. Stationnement interdit, passage piéton, emplacement de bus, marques commerciales en tout genre, graffitis : autant de formes et de couleurs qui constituent le paysage urbain, dont l'observation peut faire de vous le *peintre de la vie moderne* tel que l'entendait Baudelaire.

103. Réalité secouée (Artistes n°78, 19/01/99)

Quand on s'arrête devant une scène, un lieu, avec l'intention de les peindre, on a toujours une hiérarchie des motifs qui s'impose naturellement. Le motif du papier-peint n'aura pas la même importance que les traits de la personne que nous allons faire figurer dans notre composition. Le cadrage ne mettra pas en valeur un détail trivial et peu décoratif. Et bien sûr, on peut prendre l'exact contre-pied de cette évidence trop lisse et accorder la même intensité, la même présence d'exécution à l'essentiel et à l'accessoire. La réalité a besoin qu'on la secoue un peu pour devenir plus artistique.

104. **Belles erreurs** (n°3-51, 1995)

Trouvez-vous un sujet figuratif complexe, voire compliqué. Vue d'une rue animée, d'un intérieur encombré de meubles et de bibelots ; photo ou peinture avec perspective, personnages et détails innombrables.

Dessinez-le tranquillement, comme ça vous vient, en mettant tout son contenu narratif sans rien oublier. Il est probable que vous allez accumuler des erreurs de proportion, de mise en place, de « ressemblance ». Tant mieux. Car vous allez avoir *besoin* de ces erreurs pour dégager un effet de style.

Comment ? Vous n'effacerez jamais rien, superposant toutes vos approximations du même trait tranquille d'un bout à l'autre. L'absence de doute, l'affirmation sans complexe de votre trait à vous ont une beauté en eux-mêmes, quelque chose d'apaisant que soutient le reste de figuration forcément un peu là dans ce désordre personnel.

105. **Cherchez la simplicité** (n°3-92, 1997)

Le poème est l'amour réalisé du désir demeuré désir.
RENE CHAR

Cherchez la simplicité. Trouvez-la. Soit une peinture de Mark Rothko, *Noir et rouge sombre*, 1958, 233 X 176 cm. Cette peinture est, comme son titre ne le cache pas, composée de noir et de rouge sombre. Deux rectangles. Des lisières. L'intensité tranquille des couleurs, fortes ou en retrait, chacune à sa place. Choisissez deux couleurs, deux formes simples, un format, des matières enclines à vous donner du plaisir à les manipuler. Rien de plus. Rien de moins. Puis passez une journée dans une chaise longue à bouquiner, en pensant de temps en temps à ces couleurs, ces matériaux, ces formes, ce format que vous avez choisis. Puis, le lendemain de bonne heure, et jusqu'au soir mais pas plus tard, faites votre peinture avec.

La chaise longue, le bouquin, la durée proposés peuvent faire l'objet d'autres choix, mais l'important est de choisir avant, de ne pas laisser faire l'impulsion, d'acquérir un certain détachement équivalent au peu de données à traiter. Noir et rouge sombre, et c'est *tout*.

106. **Peinture de petite randonnée** (n°3-112, 1998)

Vous qui cherchez le chemin, ne perdez pas l'instant présent.
PROVERBE ZEN.

Vous êtes en randonnée, pas un âpre trekking, une petite randonnée en moyenne montagne. Promenade *à* la montagne, *sur* la montagne, comment dit-on ? Cette montagne-là, vous pouvez y cheminer non seulement avec vos pieds, mais avec votre crayon, votre pinceau. Le temps d'une pause… Autour de vous, des formes douces, des replis ronds et herbeux, la trace d'un sentier. Et l'espace d'un papier où cheminer aussi.

Pratiquement, imaginez de commencer votre composition par quatre ou cinq traits au crayon pour relever le profil de l'horizon. Puis, de haut en bas de la feuille, comme si vous traversiez cet espace qui vous sépare de l'horizon, remplissez tranquillement les surfaces comme si vous faisiez une page d'écriture, en brossant de fines ondulations horizontales de verts, de bruns, qui connaîtront parfois de légères variations : pointillés, pleins, déliés, couleur sèche en frottage, ou mouillée en lavis, ou légèrement pâteuse ; quelques motifs discrets (pins, roches…) viennent parfois rompre brièvement le balancement des lignes.

La réalisation de cette peinture se fait au même rythme régulier et paisible que la marche.

107. **Miel et peintures toutes fleurs** (Artistes n° 85, 13/03/00)

Les fleurs des champs et des bois, jolies et toutes simples, se cueillent par brassées, se fondent sans broncher dans la masse d'un bouquet généreux, ou au contraire s'accommodent en petit comité d'un verre à moutarde en guise de vase. Et pourtant, mettez-vous à l'échelle d'une abeille, plongez votre regard à l'aide d'une loupe puissante dans la corolle minuscule d'une *impatiente glanduleuse* par exemple, ou bien d'une *pirole déjetée*, ou simplement d'une anémone des bois. Vous conviendrez que si les abeilles n'avaient pas tant de travail avec leur pollinisation à assurer, elles trouveraient là matière à des peintures excitantes. Agrandissez sur la plus grande toile que vous pourrez ce minuscule univers que vous aurez découvert, pour le mettre à l'échelle où le voient les insectes, et les gourmands du regard feront là leur miel à eux.

108. Les animaux au boulot (Artistes n° 77, 03/12/98)

On parle de peinture animalière. Mais n'oublions les animaux peintres. Il y a d'abord eu le canular de Boronali, le fameux peintre expressionniste qui, fêté à un Salon au début de ce siècle, se révéla être un âne (Boronali, anagramme d'Aliboron) à la queue duquel on avait accroché successivement différents pinceaux chargés de couleur. Vous avez sans doute déjà vu, dans des émissions de variétés, des cas de chat ou de chimpanzé peintres. Pourquoi ne pas mettre au travail vos compagnons chéris ? Peut-être ont-ils quelque chose à exprimer eux aussi. Par exemple, accrochez un petit bouchon au bout du manche de votre pinceau, et installez-vous devant votre toile. Votre chat, en jouant avec le bouchon, fera dévier votre pinceau et, qui sait, ajoutera une grâce supplémentaire à votre trait. Dans le même esprit, à un jeune chien tout fou, jetez un bâton qui sera un gros marqueur pinceau, puis en jouant, tendez une feuille devant lui en faisant mine de lui reprendre le marqueur. En secouant la tête, il produira des tracés vifs et enlevés qu'il ne lui restera plus qu'à signer d'un coup de patte. Quand on aime vraiment ses compagnons à poils, pourquoi se priver de peindre avec eux. Suffisamment d'animaux sont sollicités pour leurs poils –la martre, l'écureuil (petit-gris), le poney, le porc. Il est juste que certains accèdent aussi au statut d'artiste.

109. Détails (Artistes n°81, 11/05/99)

Installez-vous à une terrasse de café et commencez à dessiner au milieu de votre feuille ce qui se trouve au plus près dans votre champ visuel. Votre tasse de café peut-être ; et puis l'image trouble qui se trémousse dans le noir du breuvage ; puis le bord de la table ; puis le kiosque à journaux devant ; et les voitures en stationnement ; et les manchettes des journaux sur le kiosque ; et les reflets sur les carrosseries ; et les piétons qui passent rapidement ; et ceux qui s'arrêtent ; et les immeubles en face, avec leurs corniches et leurs ombres portées, leurs vitres et ce qu'on devine derrière ; et les arbres, et les feuilles ; les nervures sur les feuilles, les insectes qui s'y promènent ; et les poils sur les pattes des insectes ; et les nuages, et les avions qui les traversent ; et prévoyez des petites bulles au-dessus des gens que vous croquez pour y inscrire leurs pensées. Voilà, suggéré en quelques lignes, le vertige de la représentation quand on ne lui donne pas de limite. Pas de limite, mais pourquoi pas un début. Sur un format raisonnable, tentez cette expérience d'accumuler follement les détails, rien que les détails mais presque tous les détails d'une scène de rue, pour découvrir en artiste l'étrangeté du monde à peine dissimulée sous un mince voile de banalité ou d'inattention.

110. Dessin tordu (juin 2001)

Première étape : encombrez une pièce d'obstacles mécaniques aux mouvements aléatoires. L'idéal serait de vous enfermer avec une machine de Tinguely prenant toute la place, s'agitant de façon imprévisible et vous forçant à des contorsions réflexes et imprévisibles. Et dans ces circonstances délicates, imposez-vous de dessiner la machine en question.

Gardez le résultat de votre expérience pour vous, ne le montrez pas aux héritiers de Tinguely qui seraient peut-être capables de vous demander des droits. Des droits ! Sur un dessin aussi tordu !

111. Peinture au baby-foot (1999)

Disposez une surface de papier ou de toile sur le fond du baby-foot. Fixez des feutres pinceaux avec leur cartouche bien remplie aux pieds des joueurs. Lancez la balle et jouez normalement : les mouvements des joueurs produiront des tracés vifs et imprévisibles, et chaque partie créera automatiquement une peinture abstraite, qui sera le trophée du vainqueur.

112. Premiers soins (stage 15/07/97)

Déposez votre feuille de papier dans un endroit fréquenté : sur la table de la cuisine ; à l'emplacement du paillasson ; sur les gravillons de la cour ; sous vos pots de peinture et de pigments…

Attendez qu'elle recueille ce qui va passer par-là : à la cuisine, nous allons éplucher des légumes, boire une tasse de thé, et tout cela va laisser des traces de gras, de dessous de tasses ; sur le paillasson, vous récolterez une variété intéressante d'empreintes de semelles ; dans la cour, des traces de pneus ; sous vous pots de peinture, des taches et des dégoulinures…

Puis vous allez bien regarder toutes ces formes déposées par l'action humaine sans les trouver sales et peu engageantes. Et prendre un pinceau fin pour souligner d'un trait délicat toutes les traces produites, les rehausser de couleurs pour les maquiller, leur donner une apparence avenante.

Votre feuille aura connu l'adversité, l'humiliation, la douleur. Aïe ! Et tout cela finira par une composition *soignée* (premiers soins à une peinture blessée).

La bâtisse d'ombre. Après cette intervention passionnante mais éprouvante, vous allez pour vous détendre dessiner les yeux fermés avec cette idée : le parcours de votre crayon sur la feuille sera la réplique de vos allées et venues depuis ce matin, l'espace du papier, perceptible au toucher, figurant l'espace réel où vous séjournez. Vous dessinerez avec un crayon taillé aux deux bouts, glissé entre deux feuilles. Ainsi vos traces se marqueront deux fois, sur la feuille du dessous et celle du dessus. Deux dessins simultanément les yeux fermés ! Un petit coup de Giono pour comprendre :

> *On a l'impression qu'au fond les hommes ne savent pas très bien ce qu'ils font. Ils bâtissent avec des pierres et ils ne voient pas que chacun de leurs gestes pour poser la pierre dans le mortier est accompagné d'une ombre de geste qui pose une ombre de pierre dans l'ombre du mortier. Et c'est la bâtisse d'ombre qui compte.*
>
> JEAN GIONO, *QUE MA JOIE DEMEURE*.

113. Meubler un musée d'art moderne (Artistes n°74, 27/04/98)

En voyage, prenez le parti de dessiner systématiquement dès que vous avez une main de libre, dans l'avion, au restaurant, en promenade. Accumulez le plus possible de croquis, sans aucun souci de qualité graphique. Visez d'abord la quantité, pour annihiler totalement la crainte de mal faire, de rater telle ou telle vue. Puis de retour chez vous, amusez-vous à manipuler tous ces croquis avec leurs erreurs, leur tremblé, leur incomplétude. Un minuscule petit dessin de rien du tout, photographié en diapositive et projeté sur une grande toile blanche aura, vous le découvrirez, un étonnant impact. Essayez aussi les agrandissements, et agrandissements d'agrandissements, au photocopieur. Et encore, pratiquez les effets d'alignement d'un même dessin de façon à obtenir des effets décoratifs. Ou des effets de répétitions pour qu'un petit dessin anodin, à force d'être vu et revu, finisse par acquérir une notoriété qui lui donne du poids. Toutes ces manipulations reportées sur toile vous fourniront, si vous n'y prenez pas garde, rapidement de quoi meubler un Musée d'Art Moderne.

114. Brimborions (n°3-50, 1994, Artistes n°78)

Le quotidien est fait de ce que nous voyons, mais aussi de ce que nous touchons, sentons, etc. Notre perception est également influencée par nos souvenirs, notre humeur, nos habitudes. Toutes ces données, comment les rentrer dans une peinture ? Créez-vous cette nouvelle habitude de mettre de côté des échantillons de ce qui vous passe par les mains au cours d'une journée et peut retenir votre attention par une caractéristique ou une autre : couleur, texture, senteur, image, écriture. Cela peut être un ticket de cinéma, un bout de tissu, un épice en poudre, une image qui vous fait un clin d'œil, un bout de texte qui éveille un souvenir… Cette innocente manie de thésaurisation aiguisera votre sensibilité et vous mènera peut-être sur la voie d'une composition bien à vous. Comme le petit cirque de Calder fait de brimborions poétiquement assemblés, vous pourrez imaginer de créer une peinture sur la vie de tous les jours, en mêlant dessin, couleurs, découpages et collages. Le réel et l'interprétation du réel se rejoindront ainsi, grâce à vous, sur le même plan de la toile.

Il ne vous est pas interdit de penser aux artistes suivants : Schwitters (Allemagne) au début du siècle ; les Nouveaux Réalistes dans les années 50-60, Rauschenberg (États-Unis)…

115. Tous sens dehors (Artistes n°72, 02/02/98)

Quand vous regardez un paysage pour le peindre, vous ne voulez pas vous contenter de la seule image qui s'imprime sur votre rétine. Un paysage, c'est aussi le ciel et l'horizon sans limites autour de vous, bien plus vaste que votre champ visuel. C'est aussi ce souffle d'air sur votre peau, la caresse d'un rayon de soleil, la trille d'un oiseau, un parfum d'herbe coupée, l'amicale et terrienne dureté du sol où vous êtes assis, des souvenirs qu'il vous évoque, le temps qui passe… Autant d'excitations qui sollicitent votre sensibilité, et appellent des formes et des couleurs pour les exprimer. Comment retrouver tout cela dans votre tableau ?

Une première proposition pour cela : prélevez dans le paysage des menus fragments de terre, d'herbes, des petits riens qui s'y trouvent. Et introduisez-les dans votre palette, à dose homéopathique : vous ne les verrez pas forcément mais ils seront là, comme des fétiches secrets.

Une deuxième proposition : installez-vous confortablement, fermez les yeux et faites le silence en vous. Prenez intimement conscience de chaque sensation perçue par chaque sens, et posez-vous ce genre de question : ce bruissement des feuilles dans les arbres, cet air parfumé aux fleurs des champs, quels petits idéogrammes, de quelles couleurs, vont les exprimer ? Arbitrairement, en créateur souverain, attribuez des formes et des couleurs simples à vos sensations, et formez ainsi une page d'écriture picturale, abstraite pour un profane, mais qui figurera très concrètement pour vous ce que vous aurez vu et ressenti du paysage observé, tous sens dehors.

Vous pouvez aussi aller voir du côté du peintre américain Cy Twombly.

116. **Empreintes du réel** (n°3-44, 1994)

Réalisez une composition en utilisant *réellement* l'empreinte du *réel*.

- En dessinant le contour des objets.
- En dessinant le contour de leur ombre.
- En les enduisant de peinture pour imprimer leur trace.
- En collant des fragments de ceci ou cela.
- … Cette liste n'est pas exhaustive.

Mode de composition proposé : *all over*. C'est-à-dire remplissage total, sans début ni fin, et avec une densité régulière, de votre feuille.

Couleur : reproduisez la couleur des objets choisis telle qu'elle serait par une nuit de pleine lune.

Variation à partir des contours d'ombre :
Posez un objet sur une surface, avec un fort éclairage latéral. Dessinez ce premier contour d'ombre. Puis déplacez la lumière, et dessinez ce 2e contour d'ombre. Continuez ainsi trois ou quatre fois, puis ôtez l'objet et mettez en couleur vos relevés d'ombre au moyen de jeux de lavis ou de glacis superposés, ou par aplats rigoureusement gouachés.

Le choix de l'objet doit être ouvert : une forme solide et manufacturée, ou un papier chiffonné, produiront des contours d'esprit bien différent.

117. **Déménager en peinture** (Artistes n°71, 01/98)

Un déménagement peut-il avoir un rapport avec la composition d'un tableau ? A une de mes élèves mobilisée par son changement d'appartement, et de ce fait démobilisée devant sa toile blanche, voici la proposition que j'ai faite, et que vous pouvez adopter si vous déménagez aussi : d'abord réunissez toutes sortes d'éléments iconographiques, – croquis, photos, bouts de papiers personnels – ayant un rapport imagé avec vous-même et votre lieu de vie. Rassemblez ces matériaux symboliques, et hétéroclites, comme vous feriez vos cartons avant de déménager.

Puis prenez votre toile et cadrez dessus – à main levée pour les intuitifs, à la règle pour les rigoureux – le plan de votre nouveau logement. A l'intérieur de l'espace ainsi délimité, faites entrer tous les bouts d'images retenus, soit en les collant, soit en les redessinant, en vous donnant pour principe de tout faire tenir dans votre composition (il ne faut pas que des affaires restent dehors !) Quand tout est mis en place, vous donnez un coup de peinture pour finir, c'est-à-dire que vous introduisez les nouvelles couleurs et les motifs décoratifs de votre intérieur dans votre tableau. L'œuvre ainsi achevée sera comme la prise de possession picturale de votre nouveau lieu de vie.

118. **Bâtir une peinture** (Artistes n°87, 14/06/00)

Comment se conçoit un monument ? En fonction d'un lieu, d'une fonction, d'un budget, des matériaux disponibles. Avec des règles d'équilibre, de solidité, de circulation et… de grâce. Et comment se conçoit une peinture ? Pourquoi ne pas imaginer de paraphraser le cahier des charges d'un monument pour « bâtir » (cela se dit) une composition. Passez-vous commande d'une peinture pour telle pièce chez vous, en lui attribuant une fonction à remplir : créer un espace, être un support de méditation, symboliser votre relation avec votre emploi du temps. Cette peinture, comme un monument qui ne ressemble qu'à lui-même, ne sera pas une image, une illustration. Mais une construction par assemblage de formes, de lignes, de couleurs, comme l'architecte assemble pierres, béton, poutres, salles et couloirs, murs et ouvertures, opacités et transparences. Que chaque choix dans le dessin et la peinture s'impose avec autant de nécessité que les portes ou les fenêtres d'une construction.

> *Il arrive en effet que dans la chimie, comme dans l'architecture, les « beaux » édifices, c'est-à-dire symétriques et simples, soient aussi les plus solides : il en est en somme pour les molécules comme pour les coupoles des cathédrales ou pour les arches des ponts. Et il se pourrait aussi que l'explication n'en soit pas lointaine ni métaphysique : dire « beau », c'est dire « désirable », et depuis que l'homme construit, il désire construire avec le minimum de dépenses, en vue de la plus longue durée possible, et la jouissance esthétique qu'il éprouve à contempler ses ouvrages ne vient qu'après.*

PRIMO LEVI, LE SYSTEME PERIODIQUE.

119. Le peintre jardinier (Artistes n°87, 14/06/00)

Sur votre toile vous avez déposé au hasard des matériaux divers, sables, empâtements de couleurs, collages, dans un grand désordre. Un vrai terrain vague. Et vous vous donnez cet objectif : transformer ce terrain vague en jardin, où les couleurs, les lignes, seront réorganisées, redessinées en pensant à des massifs et des chemins, des bosquets et des sentiers, avec des recoins mystérieux et des clairières, où l'œil pourra cheminer, s'arrêter, bifurquer, passer et repasser comme un promeneur dans un parc. Vous allez composer une peinture comme un paysagiste aménage un espace brut et informe, et découvrir qu'au lieu d'installer votre chevalet dehors, vous pouvez installer le dehors sur votre chevalet. Et peindre un jardin sur toile comportant autant de points de vue qu'un jardin réel.

120. L'abandon (1999)

Passez beaucoup de temps à *remplir* une feuille avec des signes décrivant l'instant, l'écoulement des instants, comme un sismographe hiéroglyphique.

Puis, une fois votre feuille remplie, recouvrez tout votre travail de peinture blanche.

Ou brûlez-le, récupérez les cendres pour peindre un carré gris.

121. Genèse

Vous êtes la première personne sur terre à avoir cette idée de produire cet objet curieux que bien plus tard on appellera peinture, qu'on dira être de l'art.

Il n'existe ni papier, ni couleurs, ni outils. Cherchez dans la nature de quoi faire la première trace volontaire et pérenne d'un être humain sur une surface.

122. Robinson (Artistes n°80, 11/05/99)

La nature est prodigue en matières et en couleurs : et vous, dans votre boutique préférée de produits de beaux-arts, vous trouvez tout ce qu'il faut pour l'imiter. Mais si vous avez l'esprit d'aventure et d'expérimentation, vous pouvez jouer à l'artiste Robinson qui échoue dans une île déserte. Et là, en vous imaginant la pénurie de produit tout beaux tout prêts pour travailler, qu'allez vous faire pour peindre malgré tout ? Prendre de la terre, la laver, la tamiser, chercher de la craie, du charbon. Trouver des œufs pour faire des liants. Collecter des plantes pour tester les couleurs qu'elles peuvent produire par hachage, ou combustion, ou infusion, ou décoction. Redécouvrir la pâte à papier, recréer un tissage primitif. Et ainsi de suite, comme si vous aviez tout à réinventer empiriquement, avec les risques que cela comporte. Quand certains artistes pensent se singulariser avec quelques effets de style superficiels, vous serez en train de revivre en toute simplicité la Création du Monde et les débuts de l'Histoire de l'Art !

123. Robinson avec des concessions (stage 19/07/96)

Vous avez quand même le droit à des outils et des matériaux beaux-arts. Mais en quantité limitée. Et vous partez peindre dans un coin isolé. Votre sujet : réaliser une peinture sur le thème de l'île déserte, sans rien qui représente une île déserte pour éviter l'image cliché. Avec cette consigne : vous ne devez utiliser que les affaires emportées, mais aussi toutes les affaires emportées. Réapprovisionnement impossible.

Dans le même esprit : réalisez une peinture en n'utilisant que ce que vous avez à portée de main, sans bouger de votre tabouret.

124. Quand l'image *colle* au réel

Choisissez un lieu clos et fini. Prenez des photos de chaque cm^2 de ce lieu et des objets qu'il contient. Chaque photo est tirée au format de la chose photographiée. Collez ces photos sur les objets et les espaces photographiés jusqu'à les recouvrir intégralement. Puis peignez sur les photos, en respectant formes et couleurs, jusqu'à transformer entièrement les surfaces photographiques en surfaces picturales.

Le dessin nu de nu (n°5-3, vers 1996)

Comment, mon enfant, ton mari s'enferme avec des femmes nues et tu as la simplicité de croire qu'il les dessine.
BALZAC.

Je peins pour des gens très équilibrés, mais non dénués toutefois – très à l'intérieur – d'un peu de vice inavoué.
FELIX VALLOTTON.

Le dessin de nu est un grand classique de l'art, et du désir dans l'art, et du désir tout court, et donc ce qui donne envie de dessiner. Quantité de gens de tous âges et de toutes conditions aiment à ce qu'une femme, ou parfois un homme, soit nu et immobile sous leurs yeux, soumis à leur regard pour se faire croquer, avec ce prétexte commode d'apprendre les bases du dessin.

Certes, pour refroidir la situation, on se met à plusieurs dessinateurs dans la même salle, où les modèles prennent des poses si conventionnelles que l'audace inavouée du procédé est tenue en laisse, finalement. Et ce sujet poignant qu'est le nu, de Cranach à Schiele, de Balthus à Lucian Freud ou Vincent Corpet, des générations d'amateurs passent alors à côté faute de vraie technique, celle qui met de la chair sous les formes.

Mais comment travailler cette technique-là, qui peut vous faire trouver votre canon anatomique personnel, celui qui va vous affranchir de l'exécution académique banale jusqu'à peindre des corps *signés* ? Voici quelques propositions pour y tendre. La lecture de ces notes peut suffire en elle-même, sans forcément les mettre en pratique en raison du danger évident de certaines pour l'équilibre entre le peintre et son modèle, voire l'équilibre du peintre et celui du modèle.

125. Modèle rapproché

Faites prendre une pose banale au modèle. Mais installez-vous à vingt centimètres de lui pour dessiner, sans le toucher mais de façon à sentir son odeur, sa chaleur. À partir de cette mise en situation, tentez trois essais :

Corps intériorisé. Représentez l'ensemble du corps et de l'attitude telle que vous la connaissez sans vraiment la voir puisque vous êtes trop près.

Modèle à la loupe. Représentez un détail du corps que vous avez sous les yeux en vous attachant minutieusement au rendu de sa texture.

Dessinateur nez. Dessinez les yeux bandés, ou lumière éteinte, en vous fiant seulement aux indications de votre odorat.

126. Modèle distancié

A la Tentation de saint Antoine. En restant presque toujours collé au modèle, donnez-vous pour ligne de conduite de réaliser une peinture qui l'oublie complètement, absolument abstraite et géométrique.

À la distraite. Laissez le modèle évoluer distraitement dans la pièce, pour travailler sur un tout autre sujet.

À la furtive. Faites poser le modèle à une distance normale, mais tournez-lui le dos. Autorisez-vous seulement un regard par-dessus votre épaule de temps en temps.

À l'aveugle. Dessinez en regardant le modèle mais jamais votre dessin.

Ce qui se regarde bien ne se regarde que les yeux fermés.
CHIRICO.

Si l'homme parfois ne fermait pas souverainement les yeux, il finirait par ne plus voir ce qui vaut d'être regardé.
RENE CHAR, *LES FEUILLETS D'HYPNOS*.

À la bougie. Dans une pièce sombre, le modèle est éclairé à la bougie, le peintre s'éclaire de même. L'œuvre est finie quand la bougie est consumée.

À la cannibale. Posez-vous la question suivante : si votre modèle était comestible, que serait-il ? Fruit, légume, viande, dessert ?... Disposez à côté de vous ces éléments comestibles auxquels vous l'associez. Puis dessinez votre modèle en croquant de temps en temps ces aliments. En les croquant au sens propre avec vos dents, et au sens figuré avec votre crayon, pour mêler dans votre représentation son corps et cette nourriture.(08-11-91)

127. Modèle dominant

Le modèle reste habillé, mais le peintre est nu. C'est le modèle qui indique au peintre la pose qu'il doit prendre pour dessiner.

Le modèle menace le peintre avec une arme blanche. Si l'œuvre ne lui plaît pas, il se réserve le droit de la détruire ou de châtier l'auteur.

128. Modèle fragmenté

À l'imprimante. Dessinez le modèle partie par partie, sans vue d'ensemble. Une première séance pour le haut de la tête avec tous les détails, une seconde pour le bas de la tête. Puis ainsi de suite selon ce découpage digne de la neutralité d'une imprimante. Soyez simplement énumératif et appliqué, ne mettez pas de sentiment.

À la méthodique. Faites poser le modèle tout contre un écran en carton percé d'ouvertures rectangulaires formant autant de compositions pouvant être, selon la partie isolée, abstraites et informelles, abstraites et symétriques, ou plus classiquement anatomiques et documentaires.

À la spécialiste. Faites défiler plusieurs modèles successifs. De chacun, ne dessinez qu'un fragment, toujours le même : l'oreille, la chute de rein, la nuque... Cherchez le morceau que vous aurez envie de croquer de nombreuses fois. Donnez-vous pour objectif de constituer une collection la plus étendue possible de la partie singulière que vous aurez élue, dont vous vous instituerez le spécialiste, dont vous vous sentirez en quelque sorte le créateur ? le propriétaire ? Si vous avez choisi l'oreille, il faut que tout dessin ou peinture d'oreille finisse par faire penser à vous. Et que chaque oreille, partout, retrouve enfin sa dimension personnelle, unique, au-delà de la généralité dans laquelle, comme toute partie de notre corps ou d'ailleurs, tout finit par se valoir dans une inadmissible indifférenciation.

129. Modèle mesuré

À la cote. Faites poser votre modèle bien droit à côté de votre toile. Dessinez-le juste à côté, grandeur nature, en mesurant sur lui les cotes de chacun de vos traits.

Au contour. En choisissant une pose sans raccourci, dessinez votre modèle en relevant ses contours, ou les contours de son ombre.

Au parloir. Faites poser votre modèle derrière un calque quadrillé, ou un grillage. Représentez-le carreau par carreau.

À l'agrandisseuse. Dessinez votre modèle sur un format de 5 centimètres de haut. Puis réalisez là aussi une mise au carreau pour reproduire grandeur nature ce croquis. Faites-le voisiner sur une même composition avec un dessin réalisé directement à l'échelle.

Au puzzle. À partir de chaque carreau de l'exercice précédent, réalisez des agrandissements isolés devenant ainsi autant de compositions parfois minimales et abstraites, d'autres fois montrant un détail corporel identifiable. Réassemblez ensuite ces fragments pour reconstituer le modèle.

Normalisé XVIe siècle. Jusqu'au XVIe siècle, une trentaine de critères assemblés par trois prétendaient définir la beauté idéale de la femme. Celle-ci devait avoir :

- Trois choses blanches : la peau, les dents, les mains.
- Trois noires : les yeux, les sourcils, les paupières.
- Trois rouges : les joues, les lèvres, les ongles.
- Trois longues : le corps, les cheveux, les mains.
- Trois courtes : les dents, les oreilles, les pieds.

- Trois larges : le sein, le front, l'entre-sourcil.
- Trois étroites : la bouche, la taille, l'entrée du pied.
- Trois grosses : les bras, les cuisses, le gros de la jambe.
- Trois déliées : les doigts, les cheveux, les lèvres.
- Trois petites : le nez, la tête, le tétin que l'on doit aussi garder vaillant.

… Le reste faisant partie des trésors cachés.

130. Modèle formalisé

Si votre modèle est souple, choisissez des poses géométriques et désincarnées : par exemple, corps droit, jambe gauche à l'équerre, bras droit levé droit, que vous traitez dans un rendu rigoureusement anatomique, pour faire se heurter l'abstraction de l'attitude et la chair du dessin.

Affinez cette recherche en recréant un alphabet ou une autre nomenclature normalisée.

> L'esprit de cette suite d'exercices de nu est de raviver la tension entre le corps et le dessin, et de faire en sorte que le dessin gagne toujours, résiste au corps et se nourrisse de cette résistance. En gardant présent à l'esprit que pour être fort en dessin de nu, il ne faut pas être fort qu'en dessin.

VI. c – Le temps

La musique, le théâtre, la littérature sont des arts qui s'expriment naturellement dans la durée. En revanche, la peinture est un objet en deux dimensions que l'on peut embrasser d'un seul coup d'œil, un objet qui a priori ne se *déroule* pas dans une *durée*.

Une telle affirmation est évidemment réductrice. Le rapport au temps de la peinture est multiple et complexe :

Une œuvre se construit dans un temps qui n'est pas seulement celui de sa fabrication matérielle, mais aussi celui de sa maturation dans l'esprit du peintre, en relation avec son métier et sa pratique. Certains peintres mettent un an à conclure une peinture, d'autres une heure, d'autres encore reviennent inlassablement sur leurs traces en reprenant un travail commencé dix ans auparavant. Un an, dix ans, une heure, chaque tableau qu'il soit réalisé vite ou lentement, est d'abord le fruit des années de pratique du peintre. Une pratique autant que possible dégagée des modes passagères, de l'actualité périssable, de la recherche de l'approbation.

De même qu'on différencie petit et grand format, on doit distinguer les tableaux fabriqués après un bref apprentissage de quelques mois, les compositions agréables mais simplement dans l'air du temps ; et les œuvres issues d'une pratique ancienne, régulière et profonde.

Facile à dire, moins facile à voir et à faire. Mais les plus grands peintres ont bien été, un jour, des peintres débutants eux aussi. Voici quelques exercices pour commencer à prendre votre temps.

131. Le temps de peindre (Artistes n°91, 26/02/01)

Quand on peint en plein air, hors de la protection des quatre murs de son atelier, perdu dans l'immensité du réel tellement plus vaste que la surface d'une toile blanche aimablement balisée par ses quatre côtés, on se rend vite compte que le paysage change aussi vite que nos pensées défilent, et que le pinceau le plus agile peine à suivre. Comment le transformer en image fixe, lourde de ses pigments, liée dans ses traits ; comment exprimer cette évanescence du temps qui passe, finalement le caractère à la fois le plus fort et le plus insaisissable de tout paysage ? Peindre en plein air suppose de mettre dans son travail de peintre un peu de cette durée que la nature met dans ses œuvres. Pour rivaliser avec elle, n'est-il pas sage de s'inspirer de ses moyens, et le temps et le principal de ceux-là. Que nous dit le grand peintre japonais Hokusai (1760-1849) :

« Depuis mes 5 ans, j'ai la manie de copier la forme des choses ; depuis mes 50 ans, j'ai exposé de nombreux dessins, mais je n'ai rien peint d'intéressant avant d'avoir 70 ans. À l'âge de 70 ans, j'ai commencé à comprendre la forme des herbes et des arbres, la structure des oiseaux, des insectes et des poissons. Dés lors, à 80 ans, j'espère avoir amélioré mes connaissances, à 90 ans avoir extrait l'essence secrète des choses pour ainsi connaître à 100 ans le mystère divin, et à 110 ans considérer que même un point ou une ligne est vivant. Je prie toute personne qui vivra jusque là de vérifier mes présentes déclarations ».

Après trois heures passées en vain pour restituer la ramure d'un arbre, vous trouverez certainement quelque profit à relire ces paroles d'un grand ancien. Prenez votre temps, tout votre temps, pour peindre, car ce temps-là que vous vous donnez est le meilleur auxiliaire de votre peinture.

132. Le mouvement du temps (Artistes n°69, 09/97)

Quand on parle de « peindre le mouvement », on traduit souvent par « peinture mouvementée ». Pourtant, quand on est peintre, on n'est pas toujours quelqu'un d'agité. Le mouvement peut être lent et posé. J'ai le souvenir d'un film qui montre un peintre ayant planté son chevalet devant un oranger et s'appliquant tranquillement, heure par heure, jour après jour, à peindre le mouvement de la lumière, le lent développement des bourgeons, des feuilles et des fruits sur son arbre *. Tentez l'expérience. Choisissez un sujet retenu, au développement aussi paisiblement inscrit dans la durée, par exemple ce que vous voyez de votre fenêtre : chaque jour, avec les variations du temps, les déplacements des personnes et des choses, rien n'est jamais pareil. Dessinez régulièrement, sans changer de toile plusieurs semaines d'affilée, tout ce qui passe et change dans le cadre que vous avez circonscrit. Peignez chaque variation en transparence, au moyen de glacis. Vous avez là le moyen d'interpréter le plus beau des mouvements, le mouvement du temps.

*Le songe de la lumière, film de Victor Erice et Antonio Lopez (le peintre)

133. Douze heures de peinture (Artistes n°78, 19/01/99)

Cinéma : 24 images par seconde. Photo : 1 image par heure. Essayez une autre relation entre temps et image, en utilisant la photo de cette manière : au lieu de photographier des moments choisis de la vie (les vacances, les réunions de famille…) donnez-vous pour objectif, un jour ordinaire, de faire une photo ponctuellement toutes les heures pendant douze heures, sans cadrer, sans chercher d'effet. Simplement, imprimez sur la pellicule ce qui s'imprime sur votre rétine à l'heure prévue. Aussi bien à l'heure où vous demeurez chez vous qu'à celle où vous circulez dans la rue. Si vous êtes en voiture, attendez quand même un arrêt ! Puis, ces douze photos, faites-en douze peintures, douze petites pochades rapides en douze heures à l'occasion de vacances par exemple. Pour sentir passer dans votre peinture, rythmé par ce découpage horaire qui devient un mode de composition, l'émotion d'un souvenir inhabituel, entièrement fabriqué par vous à partir d'une journée où il ne s'est rien passé de spécial.

134. Germination des idées (n°3-56, 1995, Artistes n°80)

D'abord une graine, et puis de la terre, de la lumière. Et quelque chose qui naît, et qui pousse. Ça, c'est dans le monde réel.

D'abord un dessin, tout petit dessin genre gribouillis de téléphone ; et puis une feuille de papier pour l'accueillir, une feuille qui peut s'assembler à d'autres pour agrandir le terrain ; et comme lumière, l'esprit de l'artiste. Ça, c'est aussi dans le monde réel, le monde réel de la peinture.

Dans le monde réel de la nature, la petite graine va croître et aussi bien donner un chêne, une orchidée, l'un n'étant pas meilleur que l'autre, chacun ayant son rôle à jouer sur terre. Dans le monde réel de la peinture, le petit dessin va croître, se développer, finir à la poubelle ou bien prendre ses aises, grandir interminablement, jour après jour, jusqu'à devenir une œuvre immense et infinie. Je pense à certains travaux de Philippe Favier, minuscules bonhommes au stylo bille qui se répandaient sur les murs du Musée du Jeu de Paume ; ou aux « spirales végétatives » de Hundertwasser qui s'épanouissent dans ses toiles comme des forces naturelles. L'observation de la nature, pour l'artiste, ne s'arrête pas aux formes finies, mais à leur façon de naître, de se développer, d'exister jusqu'à nous.

> *Marcel Duchamp, John Cage, Octavio Paz : il s'agit pour eux d'imiter la nature. Non pas, bien entendu, dans son apparence – effort du réalisme ingénu – mais dans son fonctionnement : utiliser le chaos, convoquer le hasard, insister sur l'imperceptible, privilégier l'inachevé. Faire alterner le fort, le viril, avec l'intermittent, le féminin. Théâtraliser l'ensemble des phénomènes. Oublier le reste. Mais le reste, il n'y en a pas.*
> SEVERO SARDUY.

135. Plant de peinture
(Artistes n°90, 13/12/00)

Pour préciser le sujet précédent, et en choisissant de penser à la « spirale végétative » d'Hundertwasser, vous pouvez concevoir de peindre plus spécialement une fleur, non d'après un modèle observé mais en mettant en place un processus de croissance que vous réalisez de la manière suivante : « plantez » dans une feuille blanche une petite touche de couleur comme une graine ; puis étirez à partir de là une ligne colorée avec votre pinceau, ramifiez-la comme une tige réelle se ramifierait, ajoutez par moment, de droite et de gauche, une feuille, puis un pédoncule, des pétales, des étamines et du pistil ; continuez jour après jour à faire pousser ainsi votre plant, une fleur, puis deux, puis d'autres, et des tiges et des feuilles qui se multiplient et s'enchevêtrent, ou s'ordonnent, peignez maintenant jour après jour au rythme où la nature fait naître et croître ses propres œuvres.

136. La patience
(n°3-97, 1997)

Imaginez une peinture composée d'un motif très simple : un carré, une croix, occupant l'essentiel de la surface du tableau. Au cœur de ce minimalisme, vous allez loger un patient travail de couleur et de texture. Chaque étape décrite ci-dessous suppose de bien laisser sécher l'acrylique entre chaque couche.

- Commencez par délimiter votre motif au moyen d'adhésifs, pour le peindre en noir légèrement texturé sur le support blanc.
- Recouvrez l'ensemble de votre composition d'une couche de blanc.
- Puis d'un lavis de densité moyenne, par exemple outremer.
- Sur ce lavis, tracez de larges bandes de peintures blanches horizontales, à main levée, en laissant chaque fois de fines lignes de bleu en réserve.
- Ces larges bandes de blanc peu couvrant, animez-les de motifs en blanc plus couvrant, motifs horizontaux sur le fond, verticaux sur la forme.
- Recouvrez le fond d'ocre jaune transparent (médium brillant), en suivant le sens des touches des étapes précédentes, et en le brossant plus clair au centre – presque transparent –, plus foncé à l'extérieur.
- Recouvrez du même ocre jaune la forme, mais en épargnant ce qui reste des lignes bleues en réserve.

Au final, dans cet exercice pas à pas, mais où chaque pas est arbitraire et pourrait être fait autrement, l'important est de comprendre que dans une peinture, au-delà du sujet, il existe de fascinantes possibilités d'expression et de nuances dans le traitement des surfaces, et des liaisons entre les surfaces. Ayant réalisé strictement – ou non – le modèle proposé, tentez trois autres compositions de ce type pour vous familiariser avec ce type de travail où une surface passe par toutes sortes d'étapes apparemment contradictoires jusqu'à atteindre une subtilité indescriptible.

137. Peintures en cave
(6 juin 2001)

Parfois, à grands coups d'effets de matières vengeurs et brutaux, on s'efforce de donner de l'expressivité à une surface picturale. Parfois, il suffit de ne rien faire, et de laisser pourrir une peinture dans une cave humide.

Matériel : une cave humide. Matériau : des peintures abandonnées. Durée de l'exercice : de quelques mois à plusieurs années.

Quand le temps et l'humidité ont fait leur œuvre, cueillez simplement le résultat. Soyez délicat, les peintures ont tendance à tomber en lambeaux ; et ne soyez pas trop délicat, ça sent le moisi. Laissez sécher, aérez, puis collez sur une toile neuve. Cette œuvre nouvelle se dégradera aussi un jour, vous ne pourrez pas toujours repousser l'échéance de sa disparition. C'est la vie.

138. Peinture infinie
(stage mercredi 29 juillet 1998)

De même que vous marchez sans quitter le sol, ou rarement et brièvement (saut), vous allez composer une description de votre environnement sans que votre crayon quitte votre feuille.

Votre partez avec votre crayon du centre de la feuille, votre point de départ, puis vous notez successivement un *choix* d'impressions visuelles : au lieu de regarder les objets, vous concentrez votre attention sur les intervalles entre les objets, sur les reflets, ce qui réside dans la réalité visuelle mais qu'on néglige généralement. Vos traits se développent en expansion progressive du centre la feuille vers l'extérieur.

Bien qu'aucun trait ne soit posé arbitrairement, mais soit toujours le produit d'une observation, le dessin semble abstrait. Mais ce n'est qu'une apparence. De temps en temps, vous posez votre crayon et prenez des couleurs :

alternance trait / couleur comme il existe une alternance jour / nuit. Vous peignez dans les intervalles entre les lignes, mais en évitant que celles-ci délimitent systématiquement les couleurs. Vous choisissez vos couleurs en observant autour de vous non seulement les couleurs des objets, mais celles des ombres et des reflets, que vous posez à la fois précisément et au hasard dans votre composition.

Le propre de ce mode de composition est qu'il tend vers l'infini : aucune limite à son fonctionnement : on peut imaginer un artiste ne réalisant qu'une seule peinture s'étendant comme un univers en perpétuelle expansion. Votre format n'est donc pas déterminé à l'avance, votre travail pouvant se poursuivre indéfiniment, en rayonnement ou en écoulement, ou par accumulation.

20/02/99. **Conseils pratiques de mise en page de l'infini :** commencez par poser un point de fuite au fond de l'horizon de votre feuille, et en dessinant des lignes vers vous, atteignez le bord extérieur du tableau, puis dépassez-le en rajoutant d'autres feuilles, et encore d'autres feuilles, sans vous restreindre. Quand, après avoir assemblé quelques dizaines de milliers de feuilles, vous sentirez le terme de votre vie s'approcher, surtout pensez à transmettre votre tâche à une autre personne jusqu'à ce que, dans un premier temps, au moins la terre entière soit couverte de ces tracés. Après, il faudra songer à quitter le petit train-train du système solaire et voir plus loin. Ce que finalement nous ferons tous un jour ou l'autre, avec ou sans crayon.

139. Sauvons la poussière (n°5-2, 1996)

Un moment de rêverie dans mon atelier, comme il en passe souvent. Et puis je regardais mes étagères remplies de produits en tout genre : des pigments, des liants, des colles et toutes ces choses qu'un destin privilégié a fait loger dans des pots confortables, avec des étiquettes pour les nommer, un prix pour leur donner de la valeur. Puis j'ai baissé les yeux et regardé par terre où je n'avais pas balayé depuis un moment – c'est un atelier, pas un salon. À cette minute immobiles, car je ne bougeais pas moi-même, mais en réalité sans cesse bousculés par les déplacements d'air de mes allées et venues, je découvris l'existence affligée des moutons de poussière, ou de minuscules fragments de papiers tachés échappés à la poubelle et finalement, comment les identifier, toutes sortes de conglomérats de molécules anonymes vouées dans un futur plus ou moins proche à l'obscurité, la promiscuité de l'aspirateur.

Alors compatissant – comme toujours quand on compatit – à mon propre destin, je me sentis moi-même poussière dans l'univers, aggloméré anonymement à tout ce qui constitue mon environnement immédiat, atelier exigu, modeste immeuble, pauvre quartier, et tous mes proches et tous mes voisins eux aussi promis à cette fin, l'obscurité de la terre et la promiscuité avec les asticots.

Alors, muni d'une pince à épiler, j'ai prélevé délicatement des petites poussières au hasard et je les ai installées sur ma table de travail. D'abord pour les contempler avec un œil neuf, leur donner de l'attention – ce dont elles avaient le plus besoin. Tout pour elles n'était jusqu'à présent que désordre, chaos des formes et du temps, indifférence. Comment s'opposer à cela ?

Comme peintre, j'ai cherché une solution en peinture. Pour réagir à leur condition déstructurée, j'ai pensé qu'il me fallait une composition à base de géométrie. De la symétrie même, avec juste un petit basculement intérieur pour ne pas tourner à l'ordre rasoir. Et puis j'ai choisi des couleurs chaudes, nettes et douces pour accompagner ces lignes. Là, au moyen d'un gel acrylique manufacturé un peu snob, j'ai installé dans ce microcosme simple et beau mes poussières sauvées pour un temps.

Bien sûr, un jour ou l'autre mes peintures retourneront aussi en poussière, et les poussières qu'elles contiennent aussi. Et puis, pensons à tous ces autres moutons que nul ne sauvera jamais. Mais j'aurai malgré tout infléchi la destinée de quelques corpuscules, dont la vie sera peut-être plus longue que la mienne. C'est un peu cela la peinture, et bien d'autres actions que l'on entreprend. Le désir d'ajouter quelques miettes dérisoires de soi dans l'immensité du temps et de l'espace.

Maintenant, arrêtez-vous deux minutes. Cherchez autour de vous un petit rien voué à la poubelle. Attrapez-le, contemplez-le, puis imaginez comment le sauver en lui bâtissant sur mesure un petit coin de paradis en peinture. Pensez qu'en faisant cela, c'est un peu vous que vous sauvez.

140. Composer avec le temps (n°5-6, 1996)

Le temps est un fleuve qui m'entraîne, mais je suis le fleuve ; c'est un tigre qui me déchire, mais je suis le tigre ; c'est un feu qui me consume, mais je suis le feu.
JORGE LUIS BORGES

— L'acrylique, est-ce que ça dure ? Comment ça vieillit ?

Cette question, je l'entends souvent. Malgré cela, je ne me la pose jamais aussi simplement. Étant, comme être humain, totalement biodégradable, j'estime que mes peintures peuvent bien évoluer, à cet égard, sur le même plan du vieillissement annoncé et de la disparition obligatoire. Certes, de grands artistes passés nous ont laissé, pour notre ravissement, des œuvres en meilleur état que leur enveloppe corporelle s'il fallait l'exhumer. Mais qu'en sera t-il dans mille ans ? Un million d'années ? Tout devra y passer, aucune œuvre n'en réchappera de toute façon.

Certes, la question de la durée de vie d'une peinture, on peut, il faut se la poser. Mais à l'approche « petit épargnant », préférons l'approche métaphysique qui ne coûte pas plus cher : évaluez au moins si vous peignez pour l'instant immédiat, pour votre plaisir dans la dizaine d'années à venir – c'est déjà beaucoup –, pour les trois, quatre générations futures. Ou pour les siècles prochains. Avez-vous songé que l'extension éventuelle de la garantie de votre peinture nécessite l'acquisition d'un métier, un long et exigeant apprentissage proportionnel à la durée que vous espérez traverser ? Etes-vous prêt ?

Encore que… De l'acrylique pure et simple, des produits solidement manufacturés par de grandes maisons sérieuses et employés en évitant tout bricolo-collage hasardeux devraient sans complications, à condition d'éviter les intempéries – déménagements et stockages distraits, successions imprévisibles –, à condition aussi d'être épargnés par les guerres civiles ou étrangères, les catastrophes naturelles ou industrielles, les chutes d'aéronef, se maintenir à flot dans l'inexorable écoulement du temps.

Et puis après ? Acryliques ou autres, contemplons donc le vieillissement de nos peintures comme on assiste avec attendrissement à celui de nos enfants qui grandissent et qui mûrissent. Ou alors, cette question de la durée, sollicitons-la un peu plus en introduisant à dessein dans nos peintures des éléments instables voués à des évolutions différenciées et inattendues : une lichette de pomme qui va se friper, moisir, pourrir doucement – le fruit défendu. Un morceau de viande qui va virer à son aise – ceci est ma chair… Que le temps nous prête son concours pour mettre son grain de sel dans nos compositions, que nos peintures soient de lents films qui nous racontent, sagement accrochées au mur comme les icônes d'une mystique familière et muette à la fois, cette éternelle histoire du temps.

141. Neuf mois (n°5-57, 1996)

Neuf est en toutes contrées le chiffre parfait de la mesure dans l'espace et du relancement dans le temps.
JEAN LEYMARIE, COMMENTAIRE SUR « LA RUE » DE BALTHUS.

Préparez neuf toiles identiques. Sur la première, créez une peinture à votre idée, éventuellement en puisant dans l'un ou l'autre des exercices proposés ici. Puis oubliez-la, ne la regardez plus. Un mois plus tard, recréez de mémoire et sans l'avoir ressortie de son tiroir cette première peinture sur une deuxième toile, pour elle aussi la remiser à l'abri de votre regard. Puis à nouveau le mois suivant, recréez une troisième toile, cette fois d'après le souvenir de la deuxième. Puis la quatrième d'après le souvenir de la troisième et ainsi de suite pendant neuf toiles, neuf mois.

Il est essentiel de ne jamais reposer les yeux sur le travail passé, de toujours s'inspirer de l'œuvre immédiatement précédente, et de n'introduire aucune modification volontaire.

L'œuvre finie sera cet ensemble de neuf toiles ou l'évolution de votre souvenir, de votre manière de faire, donnera à voir un aspect de votre mûrissement intérieur pendant une durée magique : neuf mois.

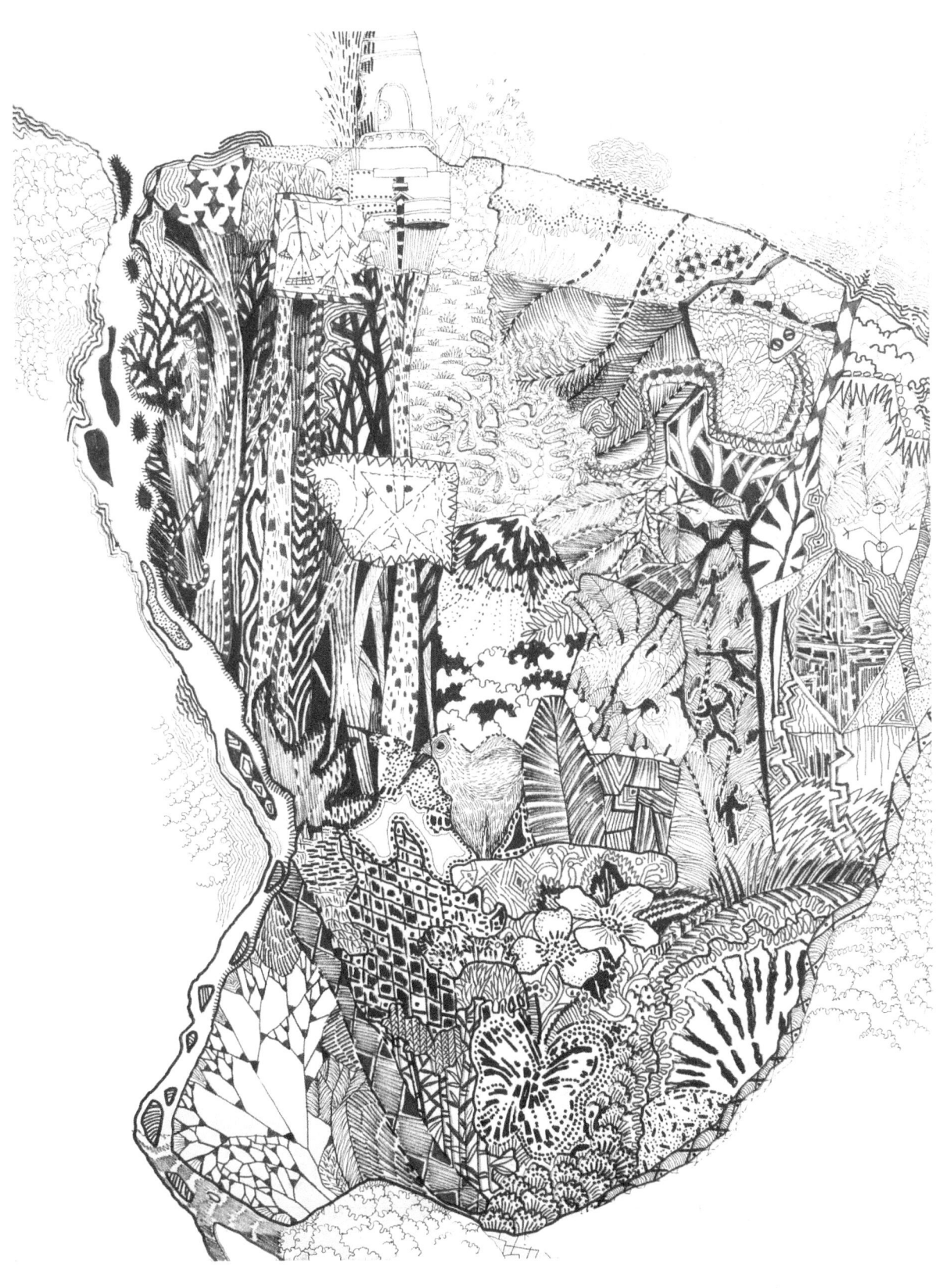

6 livres aux tirages tellement confidentiels qu'il s'agit presque d'œuvres uniques. À collectionner.

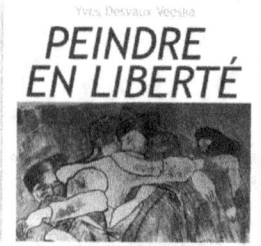

Peindre en liberté n°1

Comment se fabrique un tableau, comment il se compose, comment il s'invente ? Des idées et des outils pour casser la routine des itinéraires entre l'œil, le cœur et le cerveau : un livre réjouissant à lire, et stimulant à pratiquer.

52 pages couleur – 20 €

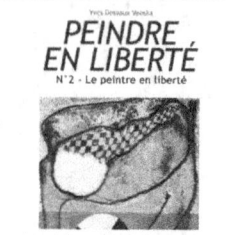

Peindre en liberté n°2

Le peintre en liberté : avec ses matériaux, avec lui-même, avec l'âart, avec les autres, avec le réel. En 141 exercices parfois épineux, voire risqués. Mais toujours inattendus.

60 pages noir & blanc, couverture couleur – 10 €

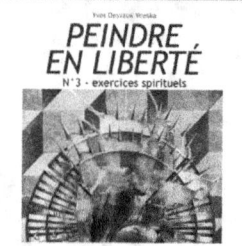

Peindre en liberté n°3

Exercices spirituels : « j'aurais préféré être un pommier et faire des pommes. Mais je suis peintre, alors je fais des peintures. » On ne sait pas toujours ce qu'Yves Desvaux Veeska veut dire, mais on comprend toujours quelque chose à quoi il nous fait penser.

64 pages couleur – 20 €

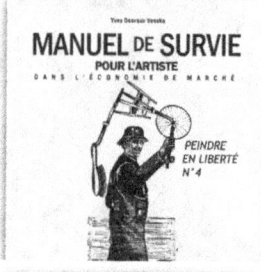

Manuel de Survie pour l'Artiste

PEINDRE EN LIBERTÉ N°4 : ce manuel ne vous permettra pas de devenir riche et célèbre, mais il ne vous en empêchera pas non plus. Surtout, il vous donnera des idées pour vivre gaiement votre vie d'artiste.

52 pages noir & blanc – 10 €

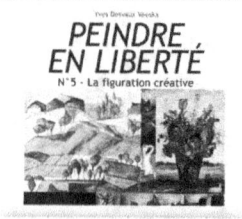

Peindre en liberté n°5

La figuration créative : le paysage, le nu, le portrait, la nature morte. Idées et techniques pour peindre le réel tel qu'on le voit, tel qu'on croit le voir, tel qu'on le pense, tel qu'il surgit de la peinture elle-même.

18 années de chroniques dans la presse artistique. Une somme.
232 pages noir & blanc, couverture couleur – 25 €

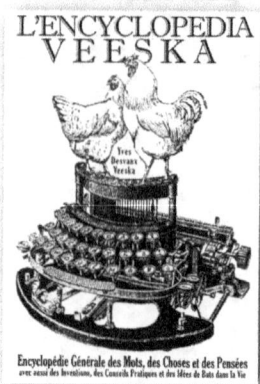

L'Encyclopédia Veeska

Comprendre le vrai sens des mots, devenir un brillant causeur, passer plus de temps à lire aux toilettes : voici tout ce que vous permet L'Encyclopédia Veeska. On peut vivre sans connaître L'Encyclopédia Veeska, mais c'est moins drôle.

72 pages illustrées noir & blanc – 20 €

Ouvrages en vente auprès de l'auteur, et sur www.peindre-en-liberte.fr

Venez voir...

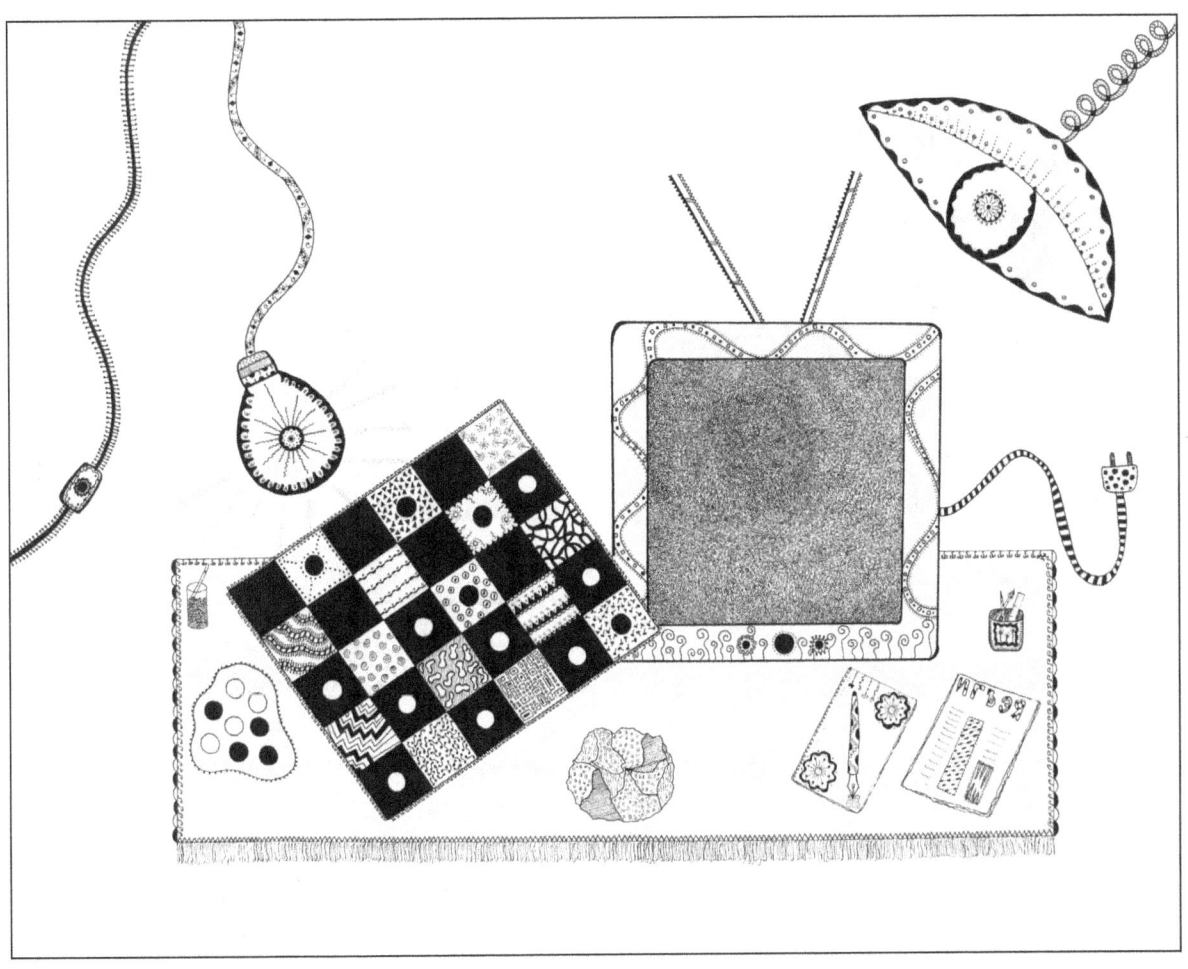

Des peintures faites en cours, en stages ou d'après ce livre sur :
www.peindre-en-liberte.net
Renseignements sur les cours et les stages « Peindre en liberté » :
www.peindre-en-liberte.fr – yvesdesvauxveeska@orange.fr – +33 6 61 54 46 13

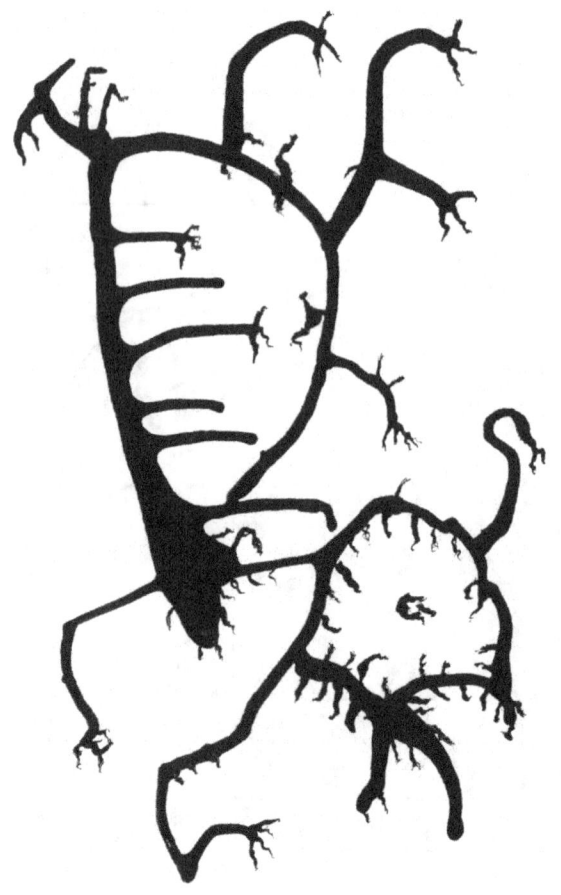

En 141 exercices, sans compter les variantes, vous allez trouver ici matière à entreprendre 141 carrières de peintre. C'est peut-être beaucoup. Trop. La manière la plus sage d'utiliser ce livre, c'est d'abord… de le lire. De laisser infuser. Certains exercices peuvent être pris au pied de la lettre, d'autres pris avec des pinceaux, d'autres pris avec des pincettes.

Vous savez bien que la vraie technique, pour un artiste, ne s'accommode pas de la simple connaissance de procédés matériels. Et pas d'avantage de la recherche fébrile d'idées originales. C'est d'abord pratiquer, pratiquer, et encore pratiquer, en étant attentif à tout : autant à ce qui se passe à la pointe de votre pinceau qu'au subit hérissement des poils de votre échine quand vos émotions, votre intelligence et votre savoir-faire s'électrisent soudain de se rencontrer.

Yves Desvaux Veeska.